AF450894

LIDERAZGO
EN FEMENINO
empresarias que crean océanos azules

LIDERAZGO
EN FEMENINO

empresarias que crean océanos azules

JAVIER FREIRE

Título: *Líderes femeninas, empresarias que crean océanos azules.*
© 2019. Javier Freire

Autoedición y Diseño: 2019, Javier Freire

Primera edición: julio de 2019
ISBN-13: 978-84-17781-91-0

Prólogo Mónica Fusté

Conocí a Javier por ser uno de los participantes de la 1ª edición de mi programa de mentoring: Lanza y Escala tu Negocio. Desde las primeras semanas, me dejó totalmente asombrada por su infinita energía, motivación sin límites y por su gran capacidad de pasar a la acción, materializando todo lo que se proponía. Javier es un ser con una sensibilidad muy especial, un propósito claro y una vocación de servicio increíble. En pocos días, se posicionó como el líder del grupo, aportando mucho valor a todos los participantes y avanzando a pasos de gigante.

En un tiempo record, fui testigo de cómo iba cumpliendo todos sus sueños, uno detrás de otro, dejándome completamente maravillada por su enorme compromiso y foco. En menos de tres meses, Javier fue capaz de reinventarse radicalmente, creando su propia marca personal y el Instituto de liderazgo femenino, lanzando su nueva web, posicionándose como un referente y escribiendo el libro que tienes entre tus manos. A eso sí se le llama crear el efecto ¡wow! Es impresionante la fuerza que le mueve y el corazón que le pone en todo lo que hace.

Él siempre dice que yo soy una fuerza de la naturaleza que le he alentado a llegar hasta aquí. La verdad es que por mi parte ha sido un verdadero placer ser su mentora, poder acompañarle durante más de seis meses y ver su gran florecimiento desde la esencia. Estoy segura que creará un gran impacto en el mundo y como él dice: "si llevamos el liderazgo femenino en los negocios de forma masiva seremos capaces de pasar al siguiente nivel de evolución en la humanidad".

Querida emprendedora, empresaria: "Liderazgo en femenino" es en sí mismo un océano azul porque es revelador, práctico, directo y muy innovador donde encontrarás toda la experiencia y conocimientos que ha adquirido Javier a lo largo de toda su trayectoria profesional en marketing y ventas de más de trece años. Este libro te dará las claves para cambiar tu mentalidad, pensar en grande y aprender un liderazgo con valores, desde adentro hacia afuera.

En definitiva, te ayudará a convertirte en una líder que crea océanos azules, aportando tu granito de arena, amándote a ti misma, a tus clientes y al mercado que representas. Este libro te hará cuestionarte creencias obsoletas, expandirá tu visión y te abrirá los ojos a un nuevo paradigma con una economía más colaborativa y humana.

Eres muy afortunada de tenerlo en tus manos ya que representará un "antes" y un "después" significativo en tu vida. Tomarás conciencia de nuevas oportunidades que desconocías. Léelo hasta el final y sobretodo aplica todo lo que vayas descubriendo. Te dejo en buenas manos con la sabiduría y expertise de Javier. Y si necesitas ayuda con tu liderazgo, no dudes en trabajar con él. Te aseguro que no te arrepentirás y te ayudará a brillar como él sabe hacerlo.

¡Prepárate para construir la vida y el negocio de tus sueños!

AGRADECIMIENTOS

Sobre todo, a ti, Mónica Fusté, tienes un don único que te hace ser pura luz para inspirar a los demás. Has sabido desafiarme, has creído en mí y crees que los grandes sueños se cumplen. Yo también lo creía, pero sin tu energía no hubiese podido llegar hasta aquí. Me abriste los ojos, me hiciste profundizar en mi corazón, en mi ser, y aquí estoy, cumpliendo un sueño. Inmensamente agradecido por haberte encontrado en mi camino, Mónica Fusté.

Mil gracias al equipo de Lanza y Escala tu Negocio, sois únic@s, sois grandes, y vuestra energía me alienta a ser mejor persona y profesional cada día.

Doy las gracias, aunque parezca mentira, a todo lo que sufrí desarrollando mercados de océanos rojos, con líderes feroces y una competencia inhumana, sin esa experiencia no hubiese llegado aquí. Una vez más está claro que los opuestos se complementan y sin esa oscuridad no hubiese podido ver la luz.

A mis padres, que siempre me han apoyado a pesar de sus innumerables desafíos, siempre se han desvivido por mí. Y a mi padre en especial, un gran líder comercial que me ha enseñado y me sigue enseñando tanto.

A ti, Zaloa, la mujer de mi vida, aunque con prudencia, siempre me alientas a seguir adelante.

Por último, quiero mencionar a mi cuadrilla de Pamplona, como se dice por aquí el "norte de España", que sin ellos no hubiese sido capaz de salir adelante tan rápido de los desafíos que la vida nos pone delante a todos. Gracias a tod@s por haberme ayudado a ser quién soy.

A Javier Soberón que, a pesar de tener puntos de vista diferentes, me ayudó a desarrollar mi mentalidad de empresario. Muchísimas gracias.

INDICE

UN OCÉANO AZUL PARA LOS LÍDERES, NO SOLO PARA LOS MERCADOS

Un Océano azul es un negocio que consigue estar exento de competencia porque su oferta de valor es única y sus costes de producción y de adquisición para los clientes es muy bajo. Los clientes o nichos de un Océano azul se consideran "no clientes", ya que antes no consumían a ninguna otra empresa ni ninguna otra marca.

Para ilustrarlo mejor vamos con la siguiente metáfora. Un océano rojo es un océano de tiburones lleno de sangre donde se compite por los atunes a dentelladas. Un Océano azul es aquel donde un delfín viaja lleno de libertad con su familia disponiendo de todos los nutrientes del océano.

Como todo en la vida, se entiende mejor con otro ejemplo. El típico ejemplo de un Océano azul es el del Circo del Sol, ya que es capaz de reinventar el sector del circo. Los no clientes serían los adultos que antes no iban al circo, y además los costes para el cliente y para el espectáculo no son muy altos. No tienen competencia y crece cada año.

Te sugiero que, si eres emprendedora, empresaria, te hagas las siguientes preguntas y las contestes por escrito cuando te llegue la inspiración. Suele ser en la ducha, andando o en bici, así que no te olvides del boli sumergible.

¿Cómo puedo crear un Océano azul ahora?

¿Cómo puedo enseñar a otros a crear un Océano azul?

¿Qué producto o servicio puedo crear que no tenga competencia?

¿Cómo puedo mejorar los costes de producción y de precio de un sector y aun así dar el mayor valor añadido?

¿Cómo podría simplificar al máximo un negocio maximizando el servicio al cliente?

¿Qué demandas y problemas reales hay en la sociedad que aún no están resueltos?

¿Qué podría crear que no tuviese competencia?

¿Podría existir una economía donde todos nos ayudásemos sin competir? ¿Cuál sería?

Crear Océanos azules está al alcance de todos, solo tenemos que poner el foco en cambiar nuestra mentalidad, replantearnos la economía actual, pensar en grande y ser absolutamente cliente-céntricos. Cliente-céntricos se refiere a poner al cliente en el centro para que desarrolle todo su potencial.

Aunque esa no era mi real misión de vida, he podido crear dos Océanos azules y voy a por el tercero, que te iré detallando a lo largo del libro.

Mi objetivo es crear cinco Océanos azules en mi vida. Deseo cumplir con mi palabra y contártelo en los próximos libros.

¿Lo conseguiré...?

¿QUÉ SIGNIFICA UN OCÉANO AZUL DESDE LOS LÍDERES?

Este es el concepto más innovador que te quiero compartir en este libro y que no he encontrado en ningún otro sitio. Sin embargo, lo cambia todo. Antes de empezar a desarrollar este punto, por supuesto te recomiendo que leas el libro *Estrategia de océano azul* de W. Chan Kim y Rene Mauborgne.

Pero, ¿qué le pasa al ser humano que siempre mira hacia afuera sin darse cuenta de lo que ve. Está relacionado con sus propias creaciones? Esto es como cuando en un truco de magia sale el conejo de la chistera y no se ve el truco que lo hace real.

Sí, querido lector, estamos hipnotizados con el mundo exterior sin darnos cuenta de nuestro poder interior y de que todo cambio se opera desde adentro hacia afuera. Te estarás preguntando: "¿Pero esto que me dice Javi qué tiene que ver con los mercados de Océano azul?".

Déjame que me siga explicando y nos pongamos en contexto. Para ello quiero ponerte un ejemplo de mi historia personal.

He hecho una carrera, un MBA, un máster y he recibido durante toda mi vida mensajes recurrentes en mi mente tales como:

"El mercado es la ley de la selva, o comes o te comen", "Es una tarta pequeña, si no te comes tu parcela te morirás de hambre", "Tienes que quitarle clientes a tu competencia", "El mercado es como la guerra, aquí no hay amigos con este panorama", más los noticiarios diarios. ¿No te parece un milagro el no acabar tomando Prozac?

Fuera bromas, aunque no es broma del todo. Me centro ahora en un ejemplo para que entiendas lo despiadado, injustificado y sin sentido que es este paradigma que se enseña aún en el siglo XXI en algunas escuelas de negocios. Pues yo mismo creyéndome esto y en una de las primeras experiencias como consultor independiente que tuve, siguiendo estas directrices, me tocó empezar con dos clientes del mismo sector y casi vecinos. Les enseñaba que tienen una tarta pequeña, que el mercado es la ley de la selva y que tienen que robarle clientes a su competencia. Si no despierto de esta información, yo sí que me hubiese quedado sin tarta.

¿Ves que me estaba cargando a mis propios clientes enfrentándolos? Esto fue un *inside* para mí, tomé conciencia y empecé a darme cuenta de lo importante que es un liderazgo comercial con valores y de que todo empieza desde adentro hacia afuera, amándote a ti misma, a tus clientes y al mercado que representas.

En conclusión, el Océano azul empieza en ti, se opera en tu cambio de mentalidad, en cómo quieres ser reconocido, qué impacto quieres crear en el mundo y si quieres, como yo, poner tu granito de arena para seguir cambiando esta economía tan deshumanizada.

¿Cuáles son los siete rasgos predominantes de un líder de Océano azul?

1. *Ama las ventas desde un punto cliente-céntrico, sabe que su venta es puro amor, soluciona un*

problema o inspira la mejor calidad de vida de sus clientes.

2. *Es absolutamente humano, no piensa en la dualidad, se siente conectado con todo y es responsable de su gestión comercial y de negocios. Es necesario un pensamiento advaita también en los mercados y la gestión comercial.*

3. *Es creativo y construye empresas, productos y servicios mágicos. Hablaré de esto en el capítulo de las técnicas de influencia.*

4. *Es un asesor no un "salesman", cada vez que está con un cliente piensa en cómo engrandecer y desarrollar su negocio, el de su cliente. ¡Crea negocio! ¡Expande!*

5. *Se hace continuamente las preguntas que te compartí de cómo crear un Océano azul.*

6. *Se rodea de las personas adecuadas, busca rodearse de los mejores. Lidera a sus clientes y a sus equipos.*

7. *Es un neurovendedor, conoce las estrategias más potentes de neuroventas y PNL para una influencia irresistible. Si sabe qué va a hacer, él bien busca la forma más adecuada para inspirar y convencer. Lo vemos más adelante, prometido.*

¿Sin conocer esto, cómo va a ser posible dejar un legado?

¿Te apuntas a ser una líder de océano azul? ¿Te animas a formar parte de mi tribu de líderes femeninas que crean océanos azules?

¿Te has preguntado ser una líder?

¿QUÉ ES UN LIDERAZGO COMERCIAL FEMENINO CON VALORES? ¿POR QUÉ ES TAN NECESARIO?

Desde la Ilustración con Hobbes y su obra, "el hombre es un lobo para el hombre". Desde las estrategias genéricas de Michael Porter, que pone todo su foco en competir, o Adam Smith, con su aclamada teoría de la oferta y de la demanda, hasta la actualidad, donde grandes inversores como Warren Buffett nos enseñan a invertir en negocios con grandes barreras de entrada, donde lo mío es mío y que no se comparta con nadie más. En mi opinión, es egoísmo y crear un estanque en tus manos y no un Océano azul para todas.

Estos líderes eran y son genios, sin embargo, con todo mi respeto, no son líderes con valores, piensan en su propio enriquecimiento sin generar un impacto para la humanidad. Sé que esto puede generar suspicacias y críticas, pero no puedo dejar de expresar lo que siento. Y estos conocimientos además debemos ponerlos en manos de las mujeres, así que sigamos predicando con el ejemplo.

Aunque no lo sepas, estas leyes sociales que han impuesto estos líderes sí son leyes sociales y no naturales, nos gobiernan y nos condicionan limitando la expansión de Océanos azules e impiden sacar el potencial y la genial creadora que anida en tu interior.

¿Qué diferencia existe entre una ley social y una ley natural?

Una ley social es una invención del hombre que damos por hecha, pero es una asunción falsa, ya que empresas como Apple se la cargan, pues a mayor demanda, mejor precio, pero no es cierto. Que yo sepa, si te compras un IPhone vale 800 euros, si te compras diez IPhone valen 800 euros. ¿Entiendes esto? Yo me desprogramo, ¿y tú? Espero que digas fuertemente en tu interior: **Yesssss!!**

En cambio, una ley natural se basa en principios inmutables. Son leyes universales que no varían, como, por ejemplo, la ley de la gravedad, que nos dice que dos cuerpos con masa, sea cual sea esta, se atraen el uno hacia el otro con una determinada fuerza. Dicha fuerza es proporcional a la masa de cada uno de estos y es además inversamente proporcional al cuadrado de la distancia que los separa: $F=Gm_1m_2/r^2$.

Este párrafo, que seguramente te haya resultado denso (lo sé, a mí también), describe perfectamente una ley natural, inviolable, universal e inmutable.

¿Por qué te hablo de esto?

Pues para que despertemos de una vez. Para que despiertes, para que reflexiones sobre todas las creencias limitantes que tienes con la gestión comercial, los negocios y la economía, para que te des cuenta de lo que has aprendido, de lo que crees que son certezas y das por hecho. Por eso te pido que te las cuestiones radicalmente, para que tomes conciencia, ya que pueden ser paradigmas obsoletos que te impiden construir la vida y los negocios de tus sueños, o si lo consigues te sientas vacía. ¡Basta ya de estas creencias!

En conclusión, y estoy seguro de que esto te va a volar la cabeza:

¿Y si la creación de Océanos azules es una ley natural al alcance de todos? ¿Y si vivir sin competencia es una ley natural? ¿Y si crear negocios abundantes es una ley natural al alcance de todos? ¿Y si la clave del éxito es un liderazgo comercial con valores y también es una ley natural? *Woouu!* Aquí nace una nueva tribu de mujeres empoderadas que manifiestan el estilo de vida de sus sueños.

Podría seguir haciéndote este tipo de preguntas sin tregua. Sin embargo, quédate con esta idea, un liderazgo comercial con valores y la creación de Océanos azules son leyes naturales e inmutables, y si nos conectamos con ellas tendremos más posibilidades de terminar con las dificultades para siempre. Sí, para siempre.

¿CÓMO LLEVAMOS LO APRENDIDO HASTA AHORA A LA ACCIÓN?

Lo conseguimos en siete pasos sencillos:

Debo decirte que soy una persona muy práctica y que no me gusta teorizar. Tras este marco de referencia quiero darte un modelo paso a paso, donde puedas sentirte un líder comercial con valores y crear tu propio Océano azul. Sígueme, porque es un tema apasionante. Te comparto los siete **pasos** para conseguirlo:

1) La autoindagación.

Para transformarte necesitas parar el ruido del mundo, si compartes esta información indiscriminadamente no te van a entender y quizás acaben desenfocándote. En quién te vas a convertir y aquello que vas a entregar al mundo es algo muy personal que necesita silencio para descubrirlo. Dedícate cinco minutos al día a cerrar los ojos, a poner tus manos cerca de tu corazón mientras pones tu foco en descubrir cómo te convertirás en un líder comercial con valores y cómo esto se va a representar en el mundo como un Océano azul. Tu Océano azul.

2) Utiliza la lógica que otros no ven.

Un ejemplo que se entiende muy bien es el de la marca de ropa española SCALPERS. Hasta su llegada al mercado la oferta de ropa era Premium o bien a bajo coste, una oferta de precios medios y calidad media casi no existía. Algo que no existe, no necesariamente no tiene por qué no funcionar, de hecho, esta fue una gran oportunidad para el posicionamiento de esta marca. Simplemente se trata de utilizar la lógica que otros no ven. La vida nos habla continuamente, sé consciente de ello. Lo vemos en el siguiente punto.

3) Conviértete en un observador de oportunidades incondicional.

Como te prometí, voy a detallarte cuáles han sido mis dos primeros Océanos azules y cómo los descubrí.

Mi primera aventura emprendedora fue con mi marca COACHINGdelmárketing, se me ocurrió fusionar el desarrollo personal con el *marketing* y ofrecérselo a centros de formación de mi entorno. Cuando ofrecía este servicio no tenía competencia, el valor añadido que daba era enorme y el coste de adquisición para los centros era mínimo. Conseguí facturar 50.000 euros solo con esta idea el primer año. Bastante más que el sueldo medio que cobraban mis compañeros de universidad que trabajaban por cuenta ajena. Esto me hizo reflexionar mucho y decidí crear equipo, una decisión no muy acertada por ese entonces, ya que no era el momento, la ansiedad no es buena consejera. Ser la persona adecuada haciendo lo correcto en el momento adecuado, es un arte y un desafío al que quiero ponerle luz en este libro.

Seguimos… *Are you ready?*

Pero el mayor salto que di con COACHINGdelmárketing fue el de dar un servicio a las pymes de mi entorno de *coaching*, formación y *marketing* cobrando una cuota fija y unas comisiones por crecimiento del negocio del cliente. Estas áreas que ofrecía no estaban atendidas adecuadamente, era una necesidad que nadie cubría, el coste de mis servicios era bastante menor que el gasto que hacían las multinacionales en estos departamentos y no había competencia en este mercado. Esto resultó ser un avance enorme en mi calidad de vida, dejé de viajar y me acerqué a esa libertad personal y profesional que todos anhelamos. A nadie de mi entorno se le había ocurrido fusionar el desarrollo personal con el crecimiento del negocio y comisionar por ello. **¡*Wooou!***

Conseguí duplicar los ingresos de los centros.

En estos momentos estoy desarrollando un nuevo proyecto, "El instituto de liderazgo femenino", que es un Océano azul que conecta totalmente con mi misión de vida.

¿Te imaginas por qué esto se va a convertir en un Océano azul? Esto es una sorpresa que se está haciendo realidad y que sé que se va a expandir con mucho poder. Si creo en mí en la vida y tengo certeza esto es contagioso, por eso te lo comparto, porque sé que tú puedes, porque lo sé, porque he visto a muchas incrédulas que lo están consiguiendo, así como tú lo vas a conseguir.

4) Piensa continuamente en crear activos que te den recursos pasivos.

¿Qué es un activo?

Es un bien o recurso de una empresa, marca o autónomo controlado económicamente y resultante de sucesos pasados de los que se espera obtener beneficios y rendimientos económicos en el futuro. Y si este resultado está exento de tu dedicación e implicación de tiempo personal entonces se convierte en un activo que te proporciona ingresos pasivos. Ya sabes que, si no te pones un poquito denso, pues parece que no eres un experto, ¿verdad? Je, je, je. Pongámosle sentido del humor, aunque este aspecto es clave y de suma relevancia.

Te pongo un ejemplo, en las áreas de asesoría de mi marca uno de nuestros objetivos es hacer equipo, para ello tenemos que conseguir los mejores candidatos para nuestros clientes y así hacer crecer el negocio. Se nos ha ocurrido en vez de cobrar por procesos de selección cobrar por objetivos de equipo. Es decir, quizás uno de nuestros clientes necesite incorporar a diez personas nuevas este año. Si lo logramos, tendrá un importe de 10.000 euros, por ponerte un ejemplo, y después del año cobramos una cuota de 100 euros por mes y por candidato que se mantenga en el puesto. Si los diez se mantienen, tendremos un ingreso recurrente de 1.000 euros mensuales sin nuestra intervención. Además, es un Océano azul, no he encontrado a nadie que lo haga. Esto es un servicio que se convierte en activo.

Las preguntas clave que tienes que hacerte continuamente y contestarte son:

¿Cómo puedo crear activos que me den recursos pasivos?

¿En qué sectores y con qué productos o servicios puedo lograrlo?

Aunque sean locas las ideas que se te ocurren, pon foco en escribir veinte posibilidades. ¡Sácale chispas al lápiz o a tu boli mágico!

¡Ánimo, tú puedes y lo vas a lograr! ¡Confío en ti!

____

____

____

____

____

5) Es necesario que toda tu actividad nazca de tus valores incondicionales.

Cualquiera de los pasos, estrategias y métodos compilados en este libro no te van a servir de nada si no llevas este punto número cinco siempre presente en tu ADN. Todo lo que hagas hazlo siempre desde un profundo respeto a ti mismo, a tus clientes y al mercado. Enfócate en servir, en dar lo mejor de ti mismo, en encontrar tu misión de vida que te haga subirte por las paredes. Ser feliz haciendo felices a tus clientes es la clave infalible. Lo repito: ser feliz haciendo felices a tus clientes.

¡Sí se puede! *Goooo!* Ponlo por escrito en un papel o en tu blog de notas.

Pincha aquí para descargarte el recurso, descubre tus valores.

www.javierfreire.com

6) Rodéate de l@s mejores.

Uno de los mayores errores que cometí en mi vida personal y profesional fue intentar ser un salvavidas de todos aquellos que veía necesitados. Como te estarás dando cuenta mi enfoque estaba puesto en la absoluta carencia y solo era capaz de atraer personas que me robaban energía. Este fue el error de *timing* y enfoque que te comentaba anteriormente. Así que ser consciente de esto y tomar esta decisión cambió mi vida radicalmente. Con amor, respeto y gratitud deja ir a quien ya no esté en sintonía contigo, sin forzar, sin luchar, solo es dejar ir para rodearte de l@s mejores.

Lo repito por la relevancia del tema. Con este panorama que te compartí, me alejé durante un tiempo de la excelencia, así que aprendí a rodearme de los mejores talentos y todo cambió radicalmente, y sigo así incondicionalmente con esto. ¿Me sigues? ¿Te rodeas de l@s mejores?

¡Aquí no te dejo dudar! *¡Yesssss!* ¡Síííííí!

7) Estrategia Radical de OCÉANOS AZULES.

Para mí, es aquí donde fallan las consultorías y las escuelas de negocios, porque no van <u>al ser, a la esencia</u> y naturaleza de las cosas, van al hacer, anclando paradigmas obsoletos. Hay herramientas maravillosas, como el modelo Business Canvas, el DAFO, la matriz Erac, los análisis financieros, las hojas de ratios y mediciones, los sistemas de software para automatizar negocios, etcétera (te voy a compartir algunas en este libro). Sin embargo, la clave es impulsar todo esto desde la perspectiva humanista de crear Océanos azules con las claves que te estoy compartiendo en el libro.

Desde este punto de vista, con todas las herramientas que tenemos a nuestro alcance vámonos a crear nuestros Océanos azules. Pongamos el foco en esto y no en competir, ya que es absurdo conociendo esto.

Con todo lo visto hasta ahora, ¿te sientes una líder comercial con valores capaz de crear un Océano azul? Claro que sí.

Estoy convencido de que sí podrías. Sin embargo, abróchate el cinturón "lesly", que lo mejor está por llegar.

¡GOOO!

AMAR LAS VENTAS

Este suele ser un tema escabroso que muy pocas personas entienden. Continuamente caemos en la falsa premisa de decirnos nosotras mismas una y otra vez frases como: "No me gustan las ventas, yo no valgo para eso", "Los vendedores son de otra pasta, yo no puedo vender, se me pone un nudo en la garganta". ¡No me extraña! ¡Con todas las asociaciones que tenemos con las ventas lo raro es que no nos dé un ataque de ansiedad!

Quiero dejar claro un principio, que además es una ley natural: "TODO ES UNA VENTA. LA VENTA LO ES TODO, TODO ES *MARKETING* Y EL *MARKETING* LO ES TODO". Sé que esto que te voy a decir ahora te puede sonar realmente exótico y quizás un sacrilegio para much@s, discúlpame si crees que me excedí, pero la naturaleza, el universo, Dios, como quieras llamarlo, la fuerza creadora, tiene que ser *Marketiniana* sí o sí.

¿No piensas así?

La belleza del universo, de los campos, de los océanos, la creatividad humana, los sentimientos de compasión y amor incondicional, de paz interior, el Big Bang, los diamantes y las piedras preciosas, la belleza de la mujer, la belleza de los niños, de los animales, del rocío de la mañana, el sol, la luna, las estrellas, la perfección de la circunferencia de nuestros ojos, la espectacularidad de la física cuántica... Semejante belleza por doquier, ¿no la comprarías? ¿No se trata de una expresión artística y de precisión irresistible de todo lo que ves y todo lo que no ves? *Marketing* y creatividad en estado puro. Lo veas o no lo veas, el universo se expresa a través de un *Marketing* puro que tod@s, consciente o inconscientemente, queremos comprar. Anhelamos toda esa belleza sin darnos cuenta de que la tenemos delante de nuestras narices y a nuestro alcance.

Vamos a seguir bajando esto a la tierra y dejar de ser tan Espiritual-*Marketers*, te prometo que no me he fumado nada. Pero sí, he comprado esto y por eso puedo compartírtelo. Soy un cliente fiel de la fuerza creadora.

Lo más necesario y aquello en lo que debemos poner nuestro foco suele ser lo que más repelemos, ya que la sociedad, el entorno y la familia suelen preocuparse más por nuestra supervivencia que por nuestra brillantez, y aunque parezca increíble heredamos toda esta información de nuestros ancestros. Uno de los libros que he leído, que para mí denota una sabiduría suprema *"Un curso de milagros"*, nos dice que los errores de los padres pueden tener efectos hasta en tres generaciones futuras. Así que seamos conscientes y sigamos cambiándolos. Tranquila, hay recursos por todos lados para ello y este libro es uno de ellos.

En trece años de experiencia como *coach*, mentor y Formador de ventas continuamente oigo despropósitos tales como estos:

- "Javi, yo soy secretaria, no vendedora". Sí eres vendedora, te han comprado y has comprado tu habilidad de ser secretaria.

- "Javi, yo soy ama de casa y no vendedora". Falso, le has vendido a tu marido la idea de irte de vacaciones donde tú querías y lo has conseguido. Enhorabuena, supervendedora.

- "Javi, los vendedores solo piensan en facturar, son charlatanes, llevan mala vida, es una profesión horrible. Se viaja mucho y la puerta fría es insoportable". ¡Falso, falso! Los vendedores del siglo XXI aman a sus clientes, crean negocio, son asesores expertos, son disciplinados, hacen deporte y se entrenan psicológicamente cada día con la era digital, hoy en día puedes crear comunidades desde casa y se abren puertas y oportunidades, y ponen calor a la frialdad Humana con su valentía.

- "Javi, observando un grupo de madres hablando de sus hijos:

Mi hijo es médico, el mío es abogado, el mío es ingeniero, el mío es ejecutivo de grandes cuentas".

Tras observar este panorama "ojiplático" me di cuenta cuán enferma está la sociedad y el miedo que tenemos a las ventas y a la palabra vendedor. El ejecutivo de cuentas (vendedor) era el que más cobraba y más calidad de vida tenía.

"Cuando las madres amen a los vendedores, a las ventas y esta espectacular profesión, cambiará el mundo".

¡Ay, ay! ¡Estas mamás qué difícil nos lo ponen a veces!

Espero que ahora entiendas que un *coach* de ventas como yo necesite al menos dos meses continuos de vacaciones, ¿verdad? Ja, ja, ja.

TIENES CUATRO CLIENTES Y ES NECESARIO FIDELIZARLOS, SON TU EMPRESA, TU EQUIPO, TUS CLIENTES Y TÚ MISM@

Este es un punto también clave y crucial de este libro para obtener resultados. Además, no solo es importante tener resultados, sino ser feliz teniendo resultados. Por ahí hay historias realmente pavorosas, como la de André Agassi, el tenista, o el Actor Robin Williams, personajes conocidos que han ganado millones, pero han sido profundamente infelices. Puedes encontrar sus biografías en Internet y descubrir en primera persona a qué me refiero.

Estar enfocado en ser feliz, tener la estrategia adecuada y obtener resultados es posible y además imprescindible. Me ha costado mucho entender esto, pero estoy orgulloso de compartírtelo, porque vale oro, acorta mucho el camino y se minimizan radicalmente los errores. No es lo uno o lo otro, sino lo uno y lo otro. Cuando la gente quiere elegir entre el trabajo o ser feliz es cuando falla. Vamos por todo. La abundancia es estar equilibrada en todas las áreas de tu vida.

Siempre, siempre, ponlos en tu radar, en tu foco. Puedes escribirlos o hacer un mapa mental con la palabra "superfoco" en el centro y que salgan las ramas: "mi empresa", "mi equipo", "mis clientes" y "yo mismo". Con estos cuatro focos y poniendo en práctica los ejercicios del siguiente punto, vámonos que pisamos el acelerador y nos toca disfrutar de la velocidad. Son la empresa, el mercado, el cliente y tú misma. Es un ejercicio potente, ánimo.

Te enseño paso a paso como hacer un mapa mental en www.javierfreire.com descargándote las 8 llaves del liderazgo femenino.

¿CÓMO FIDELIZAR A LA EMPRESA, AL MERCADO, A LOS CLIENTES Y A TI MISMO?

Lo importante de este modelo es que si descuidas uno de ellos el éxito con mayúsculas no es posible. Te lo pongo fácil, solo tienes que regar estas cuatro plantas para que florezcan. Vamos con los ejemplos.

¿Cómo regamos la planta empresa?

La empresa es como un ser vivo con células, raíces, nutrientes, y si no le das de comer se marchita. En este caso está compuesta por cinco elementos fundamentales:

1. La estrategia
2. La INNOVACIÓN
3. Finanzas Ratios y finanzas corporativas
4. *Marketing* estratégico
5. Procedimentación tecnológica, automatización

1. Regar la estrategia

Está claro que si no hay un Rumbo predeterminado será difícil llegar al puerto donde quieres llegar. Puro sentido común.

Aquí te recomiendo un ejercicio muy sencillo en dos pasos. Da igual que seas emprendedor, que tengas una empresa, que quieras emprender o seas asalariado. Coge el modelo BUSINESS Canvas, y, antes de hacerlo, vuelve a leer la información plasmada en este libro de los Océanos azules. Te lleva hacer este ejercicio con estos dos pasos treinta minutos, y de verdad que lo cambia todo.

Principios del Océano azul + Business Canvas = Estrategia ganadora.

Te dejo aquí el *link*. Sé que te estoy haciendo trabajar, pero estamos aquí para tomar acción y tener resultados.

https://www.emprendedores.es/gestion/a27644/modelo-3/

2. Regar la Innovación

Esto es como ir detrás de una liebre que se esfuma cuando la pierdes de vista, así que vamos a tener a la INNOVACIÓN siempre en nuestro punto de mira, correr como atletas para alcanzarla.

Como ejercicio práctico te recomiendo contestar a estas preguntas una vez al mes con tu mente no lineal, como hemos visto ya varias veces. Otros la llaman voz interior, intuición, por si te asustaba el término.

¿Tienes tu boli mágico impermeable a mano? Adelante, déjate llevar por tu genia interior.

¿POR QUÉ VAMOS A TRIUNFAR?

¿LO QUE OFRECEMOS ES INNOVADOR?

¿QUÉ ES LO MÁS IMPORTANTE AHORA PARA PODER INNOVAR?

¿QUÉ ESTAMOS HACIENDO PARA INNOVAR?

¿QUÉ VAMOS YA A HACER PARA LOGRARLO Y SER INNOVADORAS?

3. Regar las finanzas, las ratios y las finanzas corporativas. ¿Cómo lo hacemos?

Peter Druker nos dice que todo aquello que no se puede medir, no puede crecer. Existe una ley muy importante en nuestro universo, que es la ley de los números y la ley de la estadística. Hace poquito leí una frase que me dejó pensando y que, al ponerla en práctica, vi que tenía toda la razón del mundo:

"Un empresario o una empresaria de éxito es una persona experta en *Marketing* que sabe leer un balance".

Tiene todo el sentido. El control financiero y los objetivos financieros son clave para la gestión empresarial en nuestros días. Además, por mi experiencia veo un analfabetismo financiero en nuestro país espectacular. No sabemos qué es un activo o un pasivo, no sabemos qué es el EBIT o el EBITDA, no trabajamos la PyG y no solemos tener ratios comerciales de desempeño.

Mínimo estos conceptos debemos tenerlos claros y trabajarlos si queremos ser unas grandes líderes de nuestras vidas y negocios. Lo veremos más adelante, seguro que será una sorpresa.

Por último, quiero compartirte un concepto que me voló la cabeza al hablar con un inversor de mi entorno, que me habló de los *cashflow* futuros para valorar una empresa. Se trata de la predictibilidad de flujos de caja que podría tener la empresa analizada en cinco o diez años. ¿Piensas en los futuros *cashflow* de tu empresa y de tus finanzas? ¡Pues hazlo, que esto lo cambia todo! El *cashflow* es la liquidez que tiene una empresa, es el dinero de caja. Este hombre podía predecir con unas fórmulas matemáticas qué dinero de caja tendría la empresa y el CEO dentro de cinco años. *Wouu!* Mucha más claridad que el resto de los mortales.

No te voy a pedir que lleguemos hasta aquí ya. Como dice el refranero popular: "Roma no se hizo en una hora". Pero sí que te pongas mínimo tres ratios de desempeño comercial y tengas tu PyG al día cada mes.

Mándame un email a javier@javierfreire.com con asunto png y te hago llegar una PyG.

4. Regar el Marketing Estratégico.

"TODO ES *MARKETING* Y EL *MARKETING* LO ES TODO". Sí, volvemos a repetir este decreto para que se incorpore a nuestra mente. Además, en esta ocasión me dirijo a ti y a mí, vamos de lo universal a lo particular.

¿A qué me refiero para que se nos escurra entre las manos este concepto?

Déjame que te ponga un ejemplo de lo que ocurre en mis cursos presenciales con empresarias… Lo primero que hago es preguntar:

"Por favor, decidme qué es el *Marketing* para vosotras". Entre caras "ojipláticas" suelo oír una variedad de respuestas pintorescas… Voy describiéndote las respuestas más habituales:

- El *Marketing* es publicidad.

- El *Marketing* es algo que subcontrato a una consultora para vender más.

- El *Marketing* es una estrategia que nunca me ha funcionado, solo me ha producido gastos.

- El *Marketing* son promociones que hace un departamento.

- El *Marketing* solo sirve a las multinacionales, yo lo que tengo que hacer es producir.

- Mi producto es bueno, yo no necesito invertir en nada de eso.

Muy bien, como si estuvieses en uno de mis programas, ahora escucharías la siguiente onomatopeya, como si en un concurso de preguntas y respuestas dieras la respuesta errónea: "WONG, WONG, WONG". ¡Error, error, error!

En este momento voy a ser contundente contigo diciéndote: "POR FAVOR, DESPIERTA". Tú eres la empresaria, la cabeza creativa, la fuente de recursos, la que sabe del producto. ¿Qué mejor *Marketer* puede existir que Tú?

Basta ya de ceder tu poder empresaria, es momento de coger las riendas de tu negocio, de descubrir cuáles son las diferencias que hacen potente a tu producto, cuáles son las personas más potenciales para comprarte y cómo puedes enamorarlas.

¿Te das cuenta de que eres tú la única que puede encontrar las respuestas?

Mándame a javier@javierfreire.com un email con tu nombre, apellidos y la palabra test y te haré llegar el test.

Una vez que tenemos claro esto, será el momento de subcontratar la estrategia tanto de *marketing* digital, de *push* o de *pull*. Sin embargo, la clave que emane de ti, de tu estrategia. Tú eres la piloto de tu empresa, que nadie te usurpe el privilegio de conducir.

Tu creatividad no se la puedes delegar a otro, esto es perder poder. Confía en ti, eres una gran líder, lo sé.

5. Regar Procedimiento tecnológico. La sistematización

Hoy en día con la inteligencia artificial, la tecnología de software, los programas de *e-mail marketing*, los ordenadores tan potentes que tenemos y los algoritmos de programación, es muchísimo más sencillo automatizar nuestros negocios para ser más libres y así ampliar la capacidad para disponer de nuestro tiempo para nuestro ocio. Recuerda este mensaje para tu *mindset*. Un negocio tiene que convertirse en un activo que te dé múltiples fuentes de ingresos para tu libertad financiera y personal, no un esfuerzo continuo para ganarte el pan con el sudor de tu frente, como tantas veces hemos oído.

Así que es superimportante que automatices todo lo posible estas cinco ÁREAS de tu negocio para regarlo y Fidelizarlo.

Uno de los programas de automatización de negocios de software libre que más me gusta es el Odoo. Te dejo el enlace para que cacharrees en él y, por qué no, lo implementes como herramienta.

https://www.odoo.com/es_ES/

En mi nuevo emprendimiento instalaré una herramienta también potente que se llama Infusionsoft.

https://keap.com/

O si eres comercial, SumaCRM.

https://www.sumacrm.com/

Para terminar este punto quiero compartirte algo que me sorprendió y que me dio mucha luz, una entrevista que vi hace poco al CEO de Tesla y SpaceX, Elon Musk. Él nos decía que el ser humano es maravilloso, pero se apega a los equipos, se apega a sus empresas y no quiere soltar el control.

Comentaba que el *autopilot*, que es la tecnología más potente de Tesla para la condición autónoma, minimiza los errores humanos radicalmente. Sin embargo, cómo nos cuesta soltar el volante.

Una líder exitosa del siglo XXI delega todo lo que puede a su equipo y a la tecnología.

¿Cómo fidelizamos al mercado? ¿Qué tiene que ver esto con mi motivación?

Dos opciones: o eres mejor que el primero, te recomiendo un libro para ello, *Zero to One* de Peter Thiel, o creas tu Océano azul con los principios de este libro.

Estoy convencido de que todas las personas tienen que dedicarse a lo que les apasiona. Sin embargo, este es un concepto muy sutil que quiero que abordemos con calma. No se trata de lo que te gusta hacer o de lo que sabes hacer, sino de lo que te apasiona hacer. Aquí quiero ser crítico con muchos compañeros del sector y de mi profesión, como *Coach* no podemos decirle a la gente que se dedique a lo que le gusta, sino a lo que le apasiona.

Pongamos un ejemplo, me gusta cocinar, me desconecta y lo hago bien, no por eso tengo que dedicarme profesionalmente a ello porque esté quemad@ en el trabajo del Banco. Es fácil impulsar a esta persona a montar un restaurante y quizás eso sea un grandísimo Error.

Lo que te apasiona va con tu misión de vida, de la mano con crear un impacto y valor a los demás y al mundo. En estos momentos soy un apasionado del liderazgo femenino, ya que será el que cambie el mundo, así lo pienso con fervor y certeza. Eso sí, me apasiona y estoy convencido de que es inteligente que ponga mi foco en ello como *coach* y mi corazón no lo puede evitar.

¿Se entiende esta distinción entre gustar y apasionar?

Espero que sí, porque lo cambia todo. Por favor, enfócate en lo que te apasiona.

Si te apasiona lo que haces y el sector al que te diriges será mucho más fácil que puedas seducir al mercado y fidelizarlo. Para fidelizar un Mercado tiene que apasionarte.

Hazte las siguientes preguntas y deja a tu mente no lineal que las conteste:

¿El mercado al que quiero dirigirme me gusta o me apasiona?

____

____

¿Qué tipo de no clientes atraería?

____

____

¿Es un mercado masivo o de nicho?

____

____

¿Existen Barreras de entrada o podría crear un Océano azul?

____

____

¿Dejaré un legado, crearé un impacto en la sociedad?

____

____

¿Me permite este sector soñar en grande?

____

____

Una vez tengas las respuestas escritas, toma acción y decisiones, crea tu plan y fideliza tu mercado.

El segundo de los puntos clave que quiero compartir en este apartado son los puntos de valor de un mercado y cómo estudiándolos podemos extraer conclusiones extraordinarias. ¡Esto es creatividad e innovación en estado puro!

Vamos a analizar la siguiente gráfica para analizar un sector y ver cómo innovarlo.

La curva de valor

Extraído del libro *"Estrategia del Océano azul"*, **W.Chan Kim y Renée Mauborgne.**

Aunque no me guste la competencia y la competitividad, para crear un Océano azul debemos aprender a analizar los factores competitivos de un mercado. Tampoco me gusta el ego del hombre y he de aprender cómo funciona para disolverlo. Te pongo un ejemplo menos metafísico de cuatro factores competitivos en el sector de la automoción:

Identificamos los factores competitivos

1. **Precio**
2. **Motor**
3. **Marca**
4. **Diseño**
5. **Confort**
6. **Seguridad**

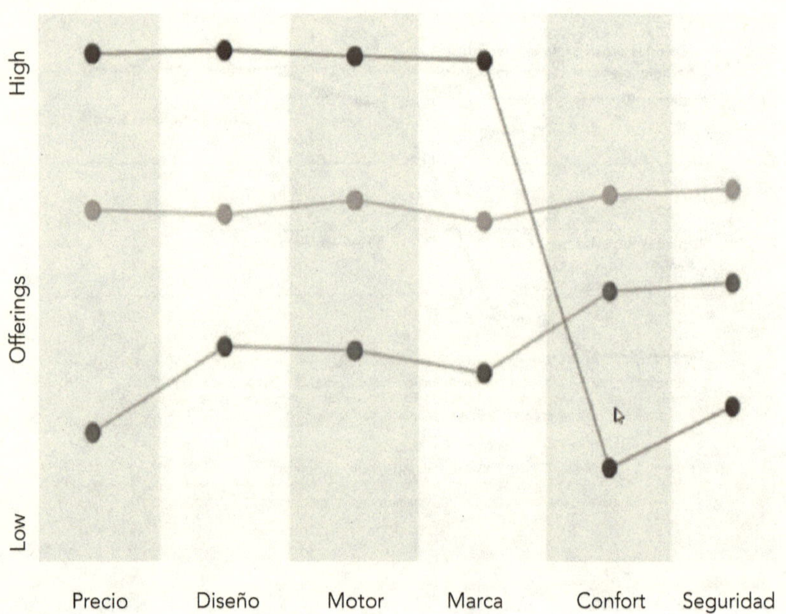

Vamos ahora con los Bancos:

1. **Seguridad**
2. **Rentabilidades**
3. **Productos**
4. **Oficinas y cajeros**

5. Altas/bajas telemáticas
6. Fees

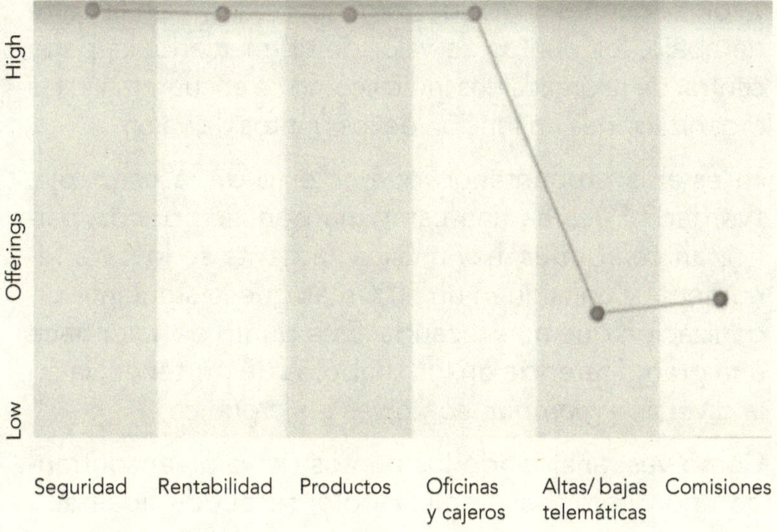

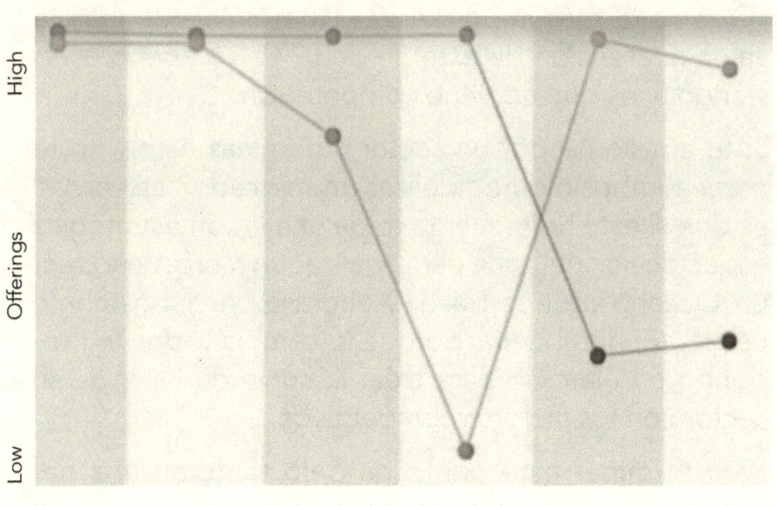

¡Es una gráfica supervisual! Y lo podemos hacer con cualquier sector. En este caso son ONG, mundo del automóvil y la banca. Como ves, el objetivo es captar donaciones y son pequeñas o grandes organizaciones, y en la parte de abajo, los puntos de valor de un mercado. La parte central de la gráfica nos indica cómo se encuentran estas organizaciones en función de los puntos de valor.

Te estarás preguntando qué es esto de la nariz roja, ¿verdad? Pues es una campaña benéfica donde participan *celebrities*, hay música, la gente se lo pasa fenomenal y consiguen un 50% más que la siguiente organización que más recauda. Este punto de valor hace una gran diferencia en los símbolos de pertenencia en la diversión *glamour*, como ves en la gráfica.

Como ves, analizando los puntos de valor, encontrando uno diferencial y aplicándolo, se puede fidelizar y evolucionar un sector.

¿Qué es lo más importante? ¿Qué es lo que más te llama la atención de este modelo? Sí, sé que lo estás viendo, y es que no tiene competencia.

Si te apasionas por un sector y dominas esto, ¿no te parece imposible no fidelizar un mercado? La verdad es que si esta herramienta te da una visión estratégica espectacular, utilizarla para analizar un mercado y crear un Océano azul es clave, y ahora tú ya sabes cómo usarla. ¡Enhorabuena, porque lo cambia todo! Te propongo un ejercicio para crear la curva de valor de su sector con los factores competitivos.

Para terminar este punto os dejo también una herramienta superpotente para desarrollar nuestra creatividad y cambiar el rumbo de nuestras vidas y negocios.

Os pongo mi ejemplo personal sobre mi negocio de *coaching*.

La matriz RICE, ¡seguimos poniendo a prueba a tu genia creadora!

¿La retamos?

MATRIZ RICE

REDUCIR	INCREMENTAR
ELIMINAR	CREAR

Esta matriz me encanta, ya que es pura creatividad. A mí, personalmente, me inspira más hacer este ejercicio que un DAFO, por ejemplo, mucho mejor crear que analizar debilidades y oportunidades. Eso no quiere decir que no pongamos atención a nuestros puntos ciegos y áreas de mejora. En fin, vamos a ello, a la matriz RICE, ¡mola!

Voy a usar la Matriz RICE (que en inglés significa "crecer") para analizar la situación de mi tercera empresa Javier Freire y el Instituto de Liderazgo Femenino.

¿Qué voy a reducir? Voy a reducir distractores, voy a reducir costes de desplazamientos en coches, voy a reducir tareas, como tiempo en redes.

¿Qué voy a crear? Un Océano azul, una comunidad de mujeres, de líderes femeninas que quieran crear su Océano azul conmigo.

Sociales. Voy a reducir clientes con los que ya no fluyo, voy a reducir el miedo a la incertidumbre de lo que pueda pasar con este negocio.

¿Qué voy a eliminar? Metodologías y materiales que ya no uso, colaboraciones estratégicas que ya no resuenan con quién soy ahora.

¿Qué voy a incrementar? El número de impactos comerciales a mujeres, serán diez al mes como mínimo, y contenidos en mi Blog, mínimo uno a la semana.

La curva de valor y la Matriz RICE son herramientas superpotentes para crear negocios innovadores. Estoy muy feliz de poder democratizar este conocimiento y apoyar a las grandes mujeres creativas como tú que queréis crear vuestro Océano azul. Sé que con las bases de este libro y en equipo lo vamos a conseguir.

¿Estás motivada? Ahora te toca a ti hacer tu matriz RICE, coge un papel en blanco y adelante.

¿Cómo fidelizamos e impulsamos al cliente?

Hablaremos y profundizaremos mucho más en el apartado de neuroventas y de técnicas de influencia comercial. Sin embargo, vamos allá con otra gráfica muy potente.

Las seis palancas de utilidad

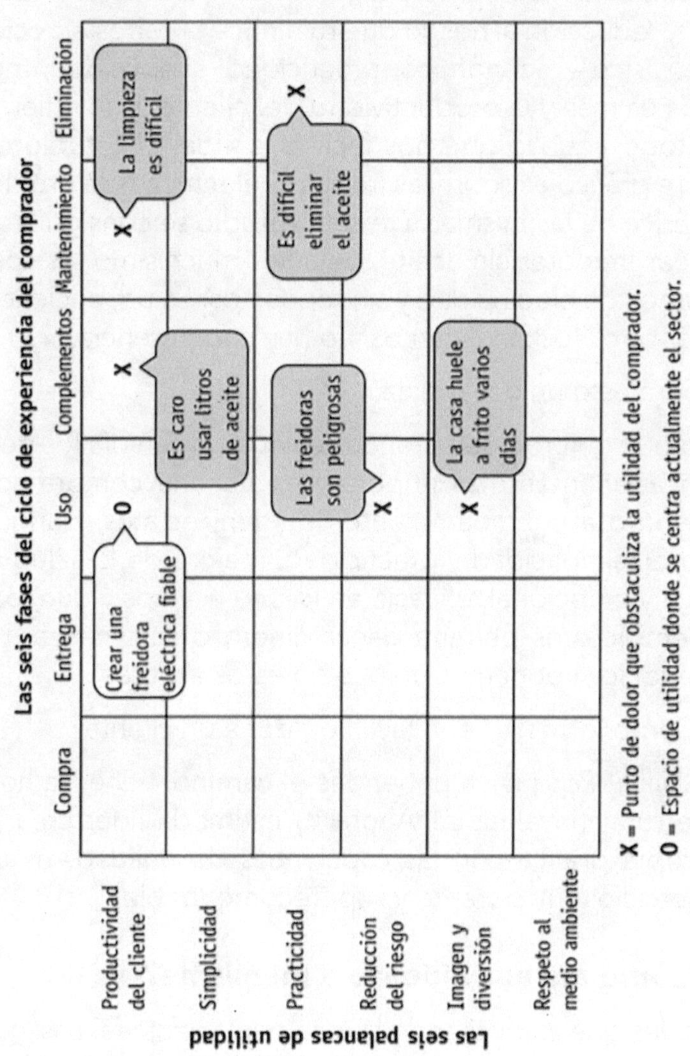

Información extraída del libro *"Estrategia del Océano azul"*, **W. Chan Kim y Renée Mauborgne.**

Las palancas de utilidad se refieren a los desencadenantes de compra, aquello que nos motiva a comprar: respeto al medioambiente, imagen y diversión o estatus, reducción al riesgo que minimice el estrés emocional físico y económico, practicidad, simplicidad, menos es más y la productividad del cliente, y se refieren a todo aquello que nos facilita la vida. El estudio de este gráfico es sobre las freidoras eléctricas y la problemática de las mismas. De este estudio se consiguieron crear freidoras sin aceite, bajando muchísimo los consumos de electricidad y sin repuestos. Salud, eficiencia y ahorro. Todos ganamos, no hay competencia.

¿Será esto un océano azul...?

Lo que quiero que aprendas es que hoy en día los desencadenantes más importantes de una compra son respeto al medioambiente, imagen, estatus, tranquilidad, simplicidad y practicidad, mejora de la salud física y emocional, eficacia en lo que usamos y que, por ejemplo, nos permita ganar dinero o automatizar un negocio si ponemos el foco en estos asuntos.

¿Cómo lo ves? ¿Sería fácil fidelizar a un cliente?

¡Síííííííííí! Porque ya entiendes el camino, tienes la hoja de ruta, ¡invaluable! Ahora tu estimada líder crea tu propia gráfica con las 6 palancas de utilidad. es un ejercicio muy potente y superecomendable.

¿Cómo me autofidelizo a mí misma?

Ya ves que estoy tirando la casa por la ventana. ¡Así que vamos a darlo todo y seguir aportándote recursos de valor para que salgas disparada a por tu Océano azul!

¿Cómo me autofidelizo a mí mismo? Recuerda que hemos hablado durante el libro de la autoindagación, de encontrar recursos en una misma. Pues prepárate, que vamos a trabajar, nos vamos a mimar, ¿*ok*?

<u>Se trata del modelo de tres posiciones</u>. Por favor, coge lápiz y papel. Vamos a necesitar tres folios, que vas a esparcir por el suelo sin que estén unos encima de otros y un poquito separados.

En el primero vas a escribir "yo misma", en el segundo, "mi empresa", en el tercero, "un sabio, una sabia".

Vamos con los pasos del modelo. Te lleva como mucho treinta minutos. Adelante, bien vale la pena, te lo aseguro. Vas a tener *insides* garantizados.

Paso 1. Vas a respirar y te vas a desidentificar todo lo que puedas de tu mente racional. Esto es una experiencia, no un análisis, y te van a ir llegando las ideas mientras estás haciendo este ejercicio. ¡Vamos a seguir potenciando nuestra mente no lineal!

Paso 2. Súbete al primer papel, donde pone "yo misma". Vas a respirar profundamente, cerrar tus ojos y hacerte las siguientes preguntas:

¿Cómo me veo, me oigo y me siento como líder, como gerente? ¿Cómo están mis emociones? ¿Cómo me veo en mi trabajo y negocio?

Estate cinco minutos y, si es necesario, vuelve a repetir las preguntas y no intentes contestarlas si no está receptiva tu mente no lineal para recibir las respuestas.

Paso 3. Suelta el estado, muévete un poco. Sal de encima del papel y escribe todas las ideas que has tenido en él.

Paso 4. Súbete ahora al segundo papel, "tu empresa". Ahora tienes que identificarte con tu empresa. Imagínate que tu empresa es un ser vivo, que ve, que oye y que siente.

¡Sé que es un ejercicio de imaginación el que te pido, pero puedes lograrlo!

Pregúntate siendo empresa cómo te ves, cómo te oyes y cómo te sientes, qué partes están potentes y sanas y cuáles no… Lo mismo que en el paso anterior. Quédate cinco minutos y repítete si es necesario estas preguntas otra vez.

Paso 5. Sal del estado y anota todas las ideas en el papel.

Paso 6. El sabio, la sabia. Pregúntate quién es un referente para ti. Alguien sabi@ que tiene todas las respuestas puede ser Mónica Fusté, Steve Jobs Richard Branson, Yoda de Star Wars…

¿Lo tienes? Seguro que sí. Anótalo en el papel.

Paso 7. Ahora con la misma actitud que en los anteriores pasos, respirando, cerrando tus ojos, identifícate con ese sabi@ e imagínate que estás sentado en un sofá y te traen un vídeo de la problemática, lo pones y empiezas a verlo. Pasas hacia adelante la grabación y ves, oyes y sientes todos los datos e ideas, imágenes que habías apuntado antes, y lo rememoras en tu imaginación. Tómate todo el tiempo que necesites, eres un sabio que está analizándose a sí mismo y a su empresa o negocio.

Una vez recopilados todos los datos, pregúntate cuáles son los recursos que le hacen falta a la persona (a ti y al negocio), y cuando los hayas descubierto anótalos en la Hoja.

Paso 8. Suelta el estado y vuelve a ponerte encima del primer papel, el de "yo misma". Cierra tus ojos, pon tu mano en el corazón y conéctate contigo misma, con tu nombre, con tu personalidad, con tu experiencia. Es importante que vuelvas a ti misma.

Puedo intuir la sonrisa en tu cara por las respuestas que has obtenido.

¡Quién toma conciencia actúa y no pregunta, así que qué más puedo decir!

¡Goooo!

FORTALEZA PSICOLÓGICA DE VENTAS, LOS RASGOS PREDOMINANTES DE UNA LÍDER QUE CREA OCÉANOS AZULES

Cada vez que empiezo un punto de este libro me pasa lo siguiente, que te diría: "Este punto es **superimportante**"; y realmente lo es. Pero como tengo que ser creativo, te diría: "Vamos a incorporar la fortaleza psicológica de ventas y estratégica para crear nuestro Océano azul". ¿Cuál te ha gustado más?

En fin, ni caso, a lo que vamos. La fortaleza psicológica es la clave fundamental en la vida y en los negocios.

Así que, ¿dispuesta a ser más fuerte psicológicamente? *Yessss!*

Tienes que entender que desde que eres pequeña has recibido millones de noes, un "no subas al árbol", "no te peines", "no corras", "no comas eso", "no cojas lo otro"… Tu cerebro por supervivencia ha bloqueado el "no" de tu mente. ¡Por eso cuando te vas a exponer a vender, a crear tu Océano azul y presentárselo a los inversores, se te pone un nudo en la garganta, te pones roja y te que quedas sin aire! Como yo con semejante mentora je, je.

¿Cómo desbloqueamos esto para siempre? Sí, has leído bien, para siempre. Nuestro cerebro necesita nuevas opciones, así que vamos a reírnos de los noes, ¿te parece? ¿Cómo se hace esto? Bien, te recomiendo que lo hagas con otra persona y lo compartáis para que echéis unas risas. Al relativizar los noes y reírte de ellos o de lo que te hacen sentir tu cerebro hace un reencuadre y deja de ver el "no" como un peligro para tu supervivencia.

Escribe en un papel todo aquello que no puedes hacer.

¿Sale humo de tu mente?

¡Venga va, te ayudo!

No puedo correr con mis piernas a 300.000 km por segundo.

No puedo hacer el amor con un millón de mujeres a la vez.

No puedo hacer que tu misión de vida sea la mía.

No puedo volar con mi biología.

No puedo recibir en un segundo cinco billones de euros.

No puedo mover ahora las caderas como Shakira.

No puedo ahora tener el mismo nivel de excelencia como mentor que Mónica Fusté.

No puedo llenar un estadio ahora como Tony Robbins.

No puedo ser ahora mujer.

No puedo vivir para siempre en este cuerpo.

No puedo estar debajo del agua sin oxígeno cinco horas.

No puedo ser un experto ahora en *reconecting*, *healing* o *rebirthing*.

No puedo llegar a EE. UU. en un segundo.

No puedo activar ahora la visión a distancia.

No puedo digerir una tonelada de carne.

No puedo saltar a 100 metros del suelo.

No puedo tener ahora diez empresas.

No puedo beber veinte copas sin caer redondo.

No puedo desenamorarme de mi pareja.

No puedo desenamorarme del equipo de Lanza y Escala tu Negocio.

Venga, ahora tus 20 noes… Adelante.

TUS 2O NOES

____

____

____

____

____

____

____

____

____

____

____

____

____

____

____

____

____

____

Ríete mucho al hacerlo con tu compañera de andanzas. Un problema menos, hemos superado los noes. Habrá muchos de mis noes que no hayas entendido, da igual, lo importante es hacer el ejercicio sin juicios ni análisis. ¡Sueltaaaaa!

La segunda técnica que voy a darte para tu fortaleza psicológica es la desidentificación con tu empresa, producto o servicio.

Verás qué bien se entiende, lo potente que es y cómo te va ayudar.

Nuestro cerebro sufre cuando siente que se han confundido los niveles y se genera un doble vínculo. Me llevaría veinte minutos explicarte esto, pero se entiende muy bien con el siguiente ejemplo.

Cuando le dices a un niño "eres tonto", deja de hacer eso, se queda paralizado. Si le dices "con lo inteligente que eres, ¿cómo has hecho esa tontería?" puede dejar de hacerla, pero no puede dejar de ser, solo si se moriría.

¿Se entiende?

El ser es un decreto muy potente que nos afecta positiva o negativamente, así que vamos con la técnica para que puedas ser mucho más fuerte psicológicamente.

Como antes te he explicado, cuando nos dicen que no a nuestros servicios o no alcanzamos los objetivos se crea una carga emocional enorme, ya que inconscientemente creemos que nos dicen que no a nosotros mismos, y eso es muy duro. Así que, a partir de ahora, cuando recibas un no, cuando tengas miedo a exponerte o no alcances un objetivo, hazte la siguiente pregunta en tu foro interno:

¿Habré vinculado mi identidad con el producto, servicio u objetivo?

Inmediatamente recuperas la energía y te vuelves funcional.

Es mágico, sí es potente. ¡Sí funciona, sí!

Goooo! Somos muy fuertes. Capítulo de la fortaleza psicológica superado.

EL NUEVO PARADIGMA DE LOS MERCADOS COLABORATIVOS

Hay muchas personas que critican las economías de libre mercado y el liberalismo económico, y no me entiendas mal, ya que según se mire esto puede ser algo descarnado, competitivo y deshumanizado. Soy partidario de que todo ser humano tenga un techo y unas condiciones dignas y que los estados se responsabilicen de mantener estos mínimos. Sigamos profundizando. El problema no es el liberalismo económico, sino lo que hacemos con él y nuestras creencias inconscientes limitantes. Tú con un cuchillo puedes untar mantequilla o herir a alguien, el problema no es el cuchillo.

El fracaso, los problemas económicos y el sufrimiento humano están muy relacionados con las creencias que hemos comprado, que damos por hecho, y gobiernan nuestros hábitos económicos, personales y profesionales.

Más que el liberalismo económico, que por cierto es el que gobierna el mundo del hombre y no la política, es un principio del que todos debemos ser conscientes y despertar ya para poner foco en lo que realmente importa. ¡*Wake up*, amiga! El problema que te compartía son las creencias que nos limitan. Por eso con la lectura de este libro, como ves, las vamos a ir deshaciendo en equipo.

¿Cómo convertimos el liberalismo económico en una oportunidad creativa?

Fácil de responder esto: disolviendo estas creencias limitantes por otras mucho más potentes como colaborar, crear Océanos azules, eliminar la competencia y humanizar los mercados y la economía. ¿Me acompañas? ¡Pisamos el acelerador!

Yessss.

LA MENTALIDAD DE UNA LÍDER, UNA EMPRESARIA QUE CREA SU O SUS OCÉANOS AZULES

Espero que ya sepas que todo se crea primero en el ámbito de la mente para luego ser visible en el plano de las tres dimensiones, que llamamos realidad. ¡Bonita pedrada la de los seres humanos! Pero esto es harina de otro costal y da para escribir otro libro.

Pero vamos a enfocarnos en los pasos y en la mentalidad de crear Océanos azules y utilizar el liberalismo económico como una gran oportunidad.

¿Cómo es la mente de una creadora de Océanos azules? Te dejo el decálogo del *mindset* del Océano azul:

1. *Se aparta de las súplicas quejumbrosas de hacer algo divertido por dinero. Ella lo crea y punto.*

2. *La energía va donde va la atención. Reformulan su pensamiento, pasan de competir en los*

mercados a colaborar. Se pueden crear Océanos azules, me desenfoco de los océanos rojos.

3. No aceptan las condiciones ni el statu quo. Son rebeldes con causa, desafían su sector, desafían las leyes sociales, se conectan con las leyes naturales del Océano azul. Se enfocan en crear nuevas formas de beneficio para el sector.

4. Creen que el mercado es un universo infinito lleno de estrellas, que son los potenciales Océanos azules, y no una tarta pequeña donde o comes tú o te quedas sin pastel.

5. No se proponen ganar a la competencia, se proponen eliminar la competencia de su sector. Wooou! Potente esto.

6. Se centran en crear máximo valor a menos coste y dirigirse a sus no clientes. Piensan en demandas nuevas, no en clientes existentes.

7. No generan innovación en un sector, rompen las barreras y fronteras de ese sector. Impresionante. Se salen de la caja. Espectacular.

8. Son humanistas, filántropas, aman a la humanidad, saben que su destino depende de ellas mismas y lo pueden crear. Utilizan el liberalismo económico para lograrlo.

9. Saben que ser libres y lograr la autorrealización personal y profesional es posible y lo hacen, lo logran, no lo intentan.

10. Saben que competir en cualquiera de sus dimensiones destruye al ser humano. Lo importante es ganar sin que pierda otro ser humano.

Evalúa estos diez principios del uno al diez. Ponlo por escrito si quieres.

Una vez que tenemos y anclamos profundamente estos principios, por favor, vuelve a leerlos con la mano en tu corazón mínimo tres veces.

¿Cuáles son los pasos ahora? ¿Cuál es el plan de acción?

El punto del decálogo donde has puesto la nota más baja. Toma ahora una decisión para mejorarlo y séllalo con una acción.

Ejemplo. Imagínate que el punto diez es en el que menos nota te has puesto. Pues si estoy compitiendo con alguien voy hacer algo para colaborar con él, aunque sea algo tan sencillo como preguntarle por su familia. Esto rompe la inercia del competir y entrena tu mente.

Una vez tengo incorporados estos principios en mi ADN, ¿cuáles son los pasos?

1. *Creérselo y enfocarse continuamente en esta perspectiva de Océano azul.*

2. *Utilizar las herramientas de planificación que se ofrecen en este libro.*

3. *Automatización de un proceso justo para ti y tus colaboradores.*

4. *Ponerse manos a la obra. Empezar a crear tu Océano azul, ya que ¿qué mejor momento que ahora?*

5. *Comprender dónde estás ahora, cuál es tu situación actual.*

6. *Soñar en grande, imaginar dónde quieres estar. Soñar en grande es ver, oír y sentir cómo será tu Océano azul dentro de cinco años.*

7. Averiguar cómo llegarías a lograrlo. Déjate inspirar por la vida.

8. Ejecutar la jugada, toma decisiones, confía. Eres una líder femenina sin límites.

Para que tomes acción y no te quedes en trance leyendo este libro te pido que escribas al menos dos frases que te lleguen al respecto de cada uno de estos puntos anteriores, ya que <u>el conocimiento sin acción es solo entretenimiento.</u>

¡Tu Océano azul se aproxima, mi amiga líder!

¿Lo sientes?

Para que te lo sigas creyendo y que veas que esto no es ciencia ficción, te dejo unos ejemplos de Océano azul para que los estudies y si quieres me escribas diciendo el porqué son Océanos azules.

1. NYO ORQUESTA
2. BARRIO SÉSAMO
3. GRAMEEN BANK
4. STARBUCKS
5. SALES FORCE CRM
6. ACTIFRY GROUPE SEB
7. COMIC RELIEF
8. DRY BAR
9. COACHING del márketing
10. Javier Freire y el Instituto de Liderazgo Femenino

¡Sí se puede! **Yesss, gooo!**

POR DIOS, ¿DE DÓNDE VIENE ESE AFÁN DE COMPETIR?

La mayor barrera que nos impide crear Océanos azules y, en definitiva, ser libres, es la competitividad, la competencia, la comparación, medirnos como mejores o peores, evaluarnos, juzgarnos. El tema es que estamos inmersos en un trance hipnótico que nos aparta de nuestra fuente creativa y de nuestra imaginación.

Esto parece un tópico, pero es que lo he visto continuamente en mis sesiones de *coaching*. Personas que llegan rotas emocionalmente, que se han sentido tratadas injustamente, traicionadas, abandonadas, etcétera, y en todas estas experiencias hay una causa de competitividad y comparación.

Ejemplos: "Mi hermana es más guapa que yo", "Yo no soy creativa como mi amiga", "Yo no tengo el carisma de mi profesora", "No soy buena en los estudios", "No corro tan rápido como ella, me va a ganar"… Y te aseguro que estoy siendo muy *light*, ya que puede caer este libro en manos de un menor y no he querido ser más explícito. Pero sabes a lo que me refiero, ¿verdad?

¿Te imaginas creando Océanos azules con esta energía? Debes saber que la comparación y la creatividad son antagónicas, son como el agua y el aceite, si estás en una no puedes estar en otra, además, definen los resultados que experimentamos en nuestra vida y nuestros trabajos.

Así que puedes elegir ahora mismo y llevar esta decisión a cabo el resto de tu vida, ¿voy a ser creativo o competitivo? ¿Voy a ser creativo o voy a compararme?

Elige ser creativo y cambia tu vida para siempre, conviértete en esa líder empresaria que crea Océanos azules.

¿Cuento contigo?

Si aún te queda alguna duda y en tu cabeza sigues pensando que competir es bueno, sigue leyendo el siguiente punto.

Yesssssss!

¿POR QUÉ VALORA LA SOCIEDAD SER COMPETITIVO?

Te habrás quedado pensando, preguntándote por qué Javi mezcla la competencia con la comparación. Pues mira, este es un bucle que se retroalimenta. Si compito es porque quiero ganar a mi competidor, si pierdo me comparo y viene la culpa, un auténtico infierno. Salgamos ya de aquí.

La verdad es que la sociedad actual es competitiva y meritocrática, y nos parece que eso está bien y educamos para hacerlo así. Yo mismo, como reclutador de empresas, he preguntado a las personas: "¿Te consideras competitiv@?", y a los que me contestaban que sí les ponía una buena nota.

Qué locura, ¿verdad? Y qué paradoja el sincerarme así contigo, ¿no es cierto?

Pues sí, amiga, yo también tuve que despertar de esto y he tenido muchas batallas conmigo mismo para soltar la competencia y la competitividad, y corroborar que es una de las mejores decisiones que he tomado en mi vida.

Te estarás preguntando si esto que dice Javi está muy bien. Sin embargo, en el deporte se compite y hay personas como Rafa Nadal que transmiten muchos valores y son un ejemplo.

Te diría que sí. Sin embargo, Rafa Nadal es una persona que compite consigo misma y no se alegra de las derrotas de los demás.

En resumen, aunque estas palabras no me gustan nada, "competencia" y "competitividad", el único beneficio que se puede extraer de estos conceptos es cuando te desafías y te retas a ti misma, te superas y nunca lo haces con los demás. Y tela marinera el proceso destructivo de comparar los cuerpos y la belleza. Como mujer sabes lo que duele esto, aunque cada día hay más hombres que se han sumado a esta moda. ¡Una locura total!

En definitiva, desde que somos pequeños, nos juzgan, nos evalúan, nos comparan, nos critican, nos miden con los exámenes de materias que seguramente nada tendrán que ver con nuestra misión de vida y nuestros dones innatos. Por eso muchas personas me dicen: "Javi, yo no soy creativa". Y les digo: "No me extraña, te has creído lo que te han dicho tus padres, profesores y amigos, todos ellos contagiados por el miso trance". De veras que estoy escribiendo esto y, con todo el respeto, hasta me parece cómico.

Ahora entiendo por qué al ser humano le gustan las pelis de zombis, <u>Zombilandia total.</u>

Las tradiciones budistas nos hablan del Dharma, en Occidente, de la misión de vida. Poner nuestro foco aquí desata el gen creativo y nos conecta en posición de equilibro para manifestar nuestros Océanos azules.

Para ello, imagina el estilo de vida que quieres lograr y comprométete incondicionalmente con él.

Te recomiendo que vuelvas a leer este capítulo, es muy terapéutico y sí desprograma. No te quejarás, que este ejercicio es bien fácil.

Seguimos.

LIDERAZGO EN FEMENINO, EMPRESARIAS QUE CREAN OCÉANOS AZULES

Te recomiendo que vuelvas a leer este capítulo, es muy terapéutico y sí desprograma. No te quejarás, que este ejercicio es bien fácil.

Seguimos.

¿CÓMO CREO UN OCÉANO AZUL PARA VIVIR DESDE EL CORAZÓN? HAY MUCHOS RECURSOS PARA LOGRARLO

Si has llegado hasta aquí, es muy importante que ancles este concepto. Todo el recorrido hasta aquí va preparando nuestra mente. Sin embargo, este principio de Océanos azules vamos a hacerlo aún más nuestro, vamos a llenar nuestro ADN con esto. ¿Preparada? Vamos, nos toca subir un nivel más.

Es muy difícil que nuestra mente esté preparada para ello por el condicionamiento social y por nuestras experiencias vitales, que están llenas de heridas emocionales. Así que deja de pisar el acelerador del coche que nos subimos a la nave espacial.

Wouuuuuu!

EL APALANCAMIENTO

De la PNL aprendí los tres pasos para alcanzar resultados con un concepto que lo cambia todo. Se trata del apalancamiento.

Tú puedes ser la mejor en algo, sin embargo, esto puede alejarte de los resultados que quieres. Déjame ilustrarte esto con la siguiente metáfora.

Tú puedes ser el mejor corredor del mundo con una forma física espectacular, sin embargo, un ciclista obeso puede ser más rápido que tú. Puedes ser el campeón de Fórmula Uno con mejor técnica, sin embargo, una persona en un avión llegará más rápido que tú de Europa a EE. UU. No solo influye tu talento, sino el apalancamiento del mismo.

Es un concepto, el del Apalancamiento, que popularizó Arquímedes, el gran científico y filosofo, que decía: "Dame un punto de apoyo y moveré la tierra".

Con este potente concepto hoy vamos a aprender tres tipos de apalancamiento.

El apalancamiento de la mente, que es lo que hemos estado haciendo hasta ahora con este libro, enfocarnos mentalmente hacia la creación de Océanos azules superando desafíos que nos lo podían impedir. El apalancamiento de las palabras, este nuevo enfoque vamos a anclarlo, a refrendarlo, con nuevas palabras como "Océano azul" y las que te esperan en el siguiente punto. Y, finalmente, el apalancamiento del sistema, en qué tipo de vehículo te subas.

¿Entiendes ahora por qué tanta gente emprende y fracasa? ¿O por qué en la pirámide de los multiniveles solo se hacen millonarias un 5%? Porque se han apalancado en un sistema sin apalancar las palabras y su mente primero.

EL LENGUAJE DE LAS FINANZAS CORPORATIVAS, LA PALANCA VERBAL NUMÉRICA QUE CREA DINERO

Yo mismo he sido un ignorante en esto y aún siento que es necesario aprender mucho más. Como sabes, estudié la carrera de Humanidades más enfocada en el Arte y la Filosofía, que está genial. Sin embargo, me dejó siendo un analfabeto financiero y de conocimiento de los negocios. Menos mal que tenía habilidades innatas para vender y esta habilidad, con la que compenso un poco esta carencia para escaparme de la escasez financiera…

Vamos allá, el lenguaje de las finanzas corporativas que lo cambia todo.

Te recomiendo el libro del *coach* Raimón Samsó, *El código del dinero*, que nos dice que la libertad económica es igual a la inteligencia financiera más la inteligencia emocional.

Acompáñame, que vamos a poner nuestro granito de arena a esto. Ya sabes que grano a grano se hace masa.

RENTABILIDAD

$$\frac{Beneficio}{Inversión}$$

La palabra rentabilidad es clave. Fíjate que es un concepto que podemos llevar a la vida tanto personal como profesional, y, como ves, la ecuación es sencilla. Rentabilidad es igual a beneficio entre inversión. No es lo que facturas, lo que recibes o lo que ganas. Después de haber cumplido con tus obligaciones, pagado impuestos, etcétera, entre lo que has invertido, esa es la rentabilidad de tu trabajo o empresa.

Pongamos un ejemplo sencillo. Has facturado 300.000 euros en un año, has tenido unos gastos de 100.000, has tenido unas obligaciones fiscales de 100.000 y has invertido 50.000 en un local. Tu rentabilidad ha sido de 50.000 euros.

SOLVENCIA	LIQUIDEZ
La solvencia es la capacidad de atender los pagos de deudas a largo.	La liquidez es la capacidad de generar tesorería para atender los pagos de deudas a corto.
ACTIVOS	TESORERÍA
Largo plazo	Corto plazo

Esta tabla nos enfoca mucho y nos permite hacer distinciones entre estas dos magnitudes importantes, que son la solvencia y la liquidez de tus finanzas personales y de tu negocio.

La solvencia es el pulmón financiero, la capacidad de abordar cualquier desafío económico, y está relacionada con la capacidad de atender el endeudamiento. Un ejemplo claro de esto es que, si has tenido un beneficio de 20.000 euros atendiendo perfectamente todas las deudas a largo plazo, eres solvente o tienes una empresa solvente. Los activos y deudas a largo plazo suelen estar relacionados con inmovilizados, que suelen ser vehículos, locales, etcétera.

La liquidez es el dinero de caja o en el Banco que tiene que ver con el corto plazo. Por ejemplo, has cobrado 3.000 euros de un cliente y el mismo día pagas el alquiler de 1.000, tu liquidez fluctúa con el corto plazo. Si tenías 6.000 euros, ahora tienes 8.000.

Si eres como yo, una apasionada del desarrollo personal, y te ha costado esto de los números, bienvenida al club. Hasta parece que se nos baja la energía hablando de esto, ¿verdad? Pues ánimo, sigamos *on fire*. Cojamos aire, que este es un tema importante y el beneficio de ir incorporando estos conceptos en nuestro lenguaje es enorme.

Sigamos motivadas y atentas.

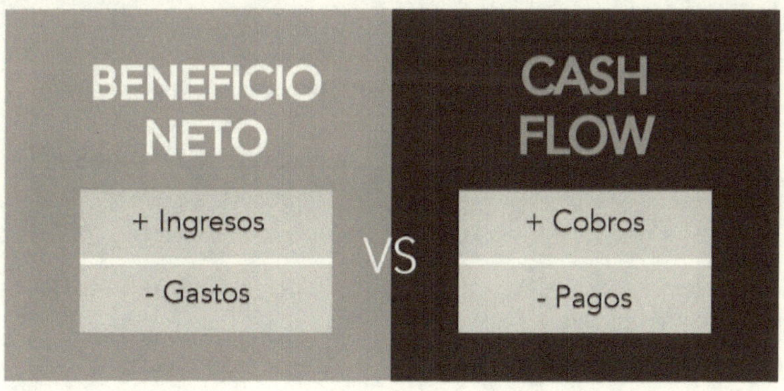

Como ves, el beneficio neto de un negocio es una magnitud contable y subjetiva y el *cashflow* real y objetiva. El beneficio sale de las restas ingresos menos gastos de tu actividad, y el *cashflow* de las restas ingresos menos gastos. Esto es importante ya que tu empresa, por ejemplo, puede dar beneficios y no tener liquidez por falta de cobros.

<table>
<tr><td>BENEFICIO NETO

magnitud "contable" y subjetiva</td><td>CASH FLOW

magnitud relativa y subjetiva</td></tr>
</table>

Vamos a subir un pelín el nivel con las siguientes magnitudes financieras. Avísame si te sale humo por la cabeza, ¿vale? ¡Voy por el extintor! Je, je.

ACTIVO NO CORRIENTE	PATRIMONIO NETO
• Equipamientos • Maquinarias • Edificios • Activos intangibles (web)	• Capital Social • Reservas • Beneficios no distribuidos
	PASIVO NO CORRIENTE • Deudas a largo plazo
ACTIVO CORRIENTE • Existencias • Cuentas por cobrar • Efectivo / tesorería	**PASIVO CORRIENTE** • Proveedores comerciales • Deuda a corto plazo

Supongo que sabrás que el capital social es la parte inicial que ponen los soci@s al crear una empresa y los beneficios no distribuidos se convierten en reservas para hacer frente a futuras obligaciones. Los activos no corrientes son los que no puedes hacer líquidos a corto plazo, los corrientes los que sí puedes convertir en la liquidez rápidamente, y lo mismo ocurre con los pasivos.

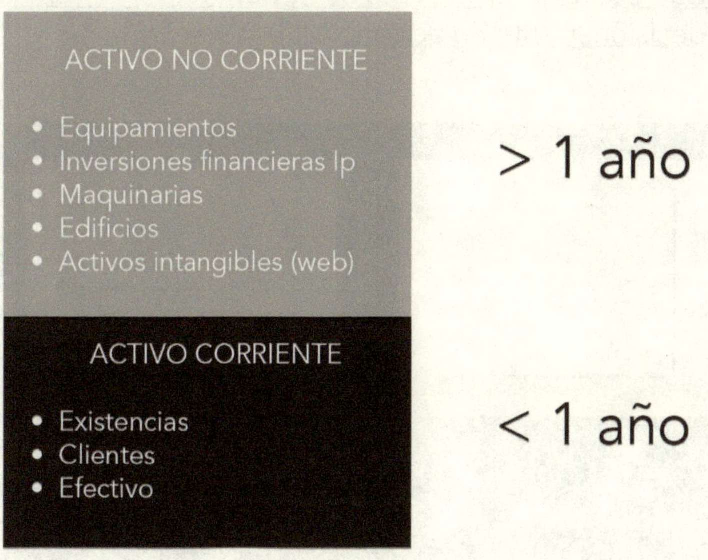

En este esquema puedes ver las distinciones entre ambos, ya que un activo no corriente lo puedes hacer líquido pasado un año en adelante y un activo no corriente en menos de un año.

Lo más importante de esta parte de la lectura es que distingas claramente entre los conceptos contables de activos y pasivos. Básicamente, un activo es el que pone dinero en tu bolsillo y un pasivo el que lo quita.

Una líder como tú, y esto es un *MUST*, debe coleccionar activos, que son fuentes de ingresos, como sueldos, empresas *royalties*, comisiones, afiliaciones, cuotas por suscripciones, publicidad…

Pregúntate ya aquí y ahora qué tres activos financieros vas a crear cada año. Y, por favor, pon todo tu foco en responder esto y en recibir las mejores respuestas.

<u>Luego escuchas la vocecita de Javier Freire: "Si tomas la decisión, ponte en acción".</u>

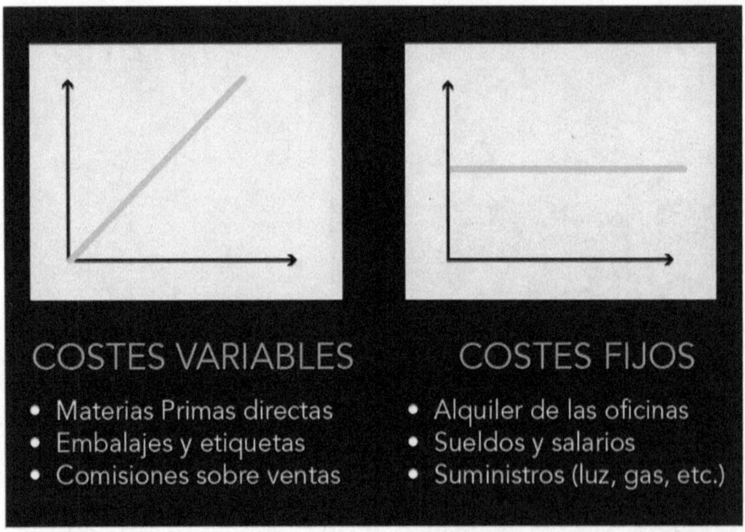

Costes variables son los que fluctúan, las obligaciones financieras que no puedes controlar, aunque sí puedes fijarte objetivos en ellas, y costes fijos son los que son recurrentes en una fecha y con el mismo importe. Esta distinción nos sirve tanto para costes como para ingresos. Aquí, como te hablaba al principio del libro, es muy importante tener a mano tu PyG.

Vamos con la ecuación fundamental de un negocio. Abre tu mente porque seguimos avanzando en relevancia contable.

74

La ecuación fundamental

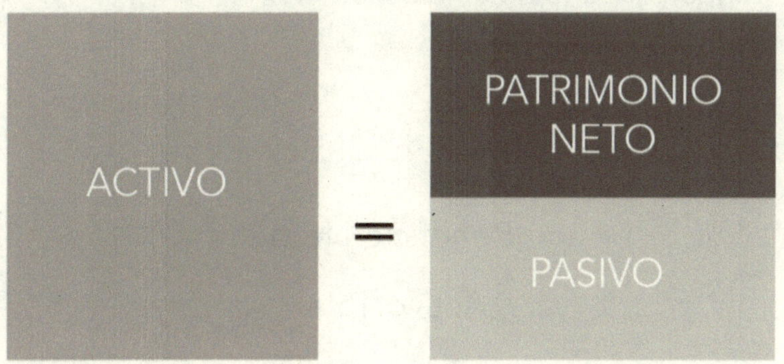

La ecuación fundamental

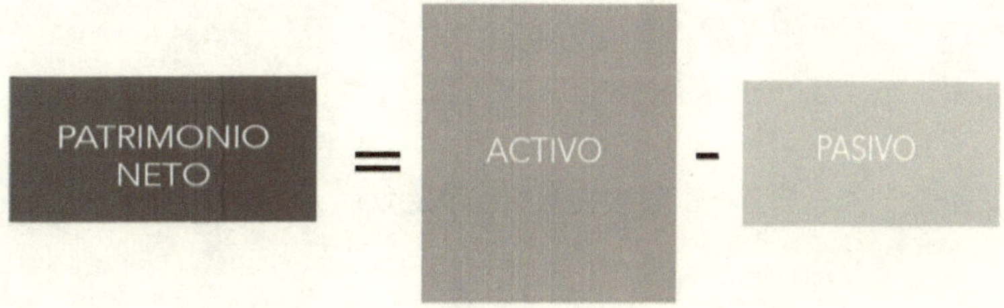

Ya conocemos lo que es un activo y un pasivo. Vamos allá con lo que es un patrimonio neto. Es la diferencia entre el activo y el pasivo, en definitiva, lo que vale tu empresa. Este cálculo sale del balance de la situación de tu empresa sin tener en cuenta los impuestos. Así sabrás cómo valorar tu empresa.

ROA, ROE

Son conceptos que se refieren al retorno de la inversión, al premio, a la buena gestión. Son ratios que refrendan el trabajo bien hecho.

RENTABILIDAD ECONÓMICA
RETURN ON ASSETS (ROA)

$$\frac{\text{Beneficio Neto}}{\text{Activo Total}}$$

ROA es la rentabilidad económica que, al leer un balance, vas a poder calcular rápidamente.

RENTABILIDAD FINANCIERA
RETURN ON EQUITY (ROE)

$$\frac{\text{Beneficio Neto}}{\text{Equity}}$$

El ROE se refiere a la rentabilidad financiera y con esta ecuación también vas a conseguir calcularlo con facilidad.

Recuerda, con este libro no quiero que seas una experta en finanzas, ese no es el objetivo. El objetivo es que sepas leer el lenguaje financiero, por ejemplo, cuando lees un libro contable, y puedas tomar las mejores decisiones para ser más abundante y rentable. Recuerda que el lenguaje y lo que lees está muy relacionado con tu realidad, así que espero que seas consciente de la importancia que tiene todo el trabajo que estamos haciendo en este libro. Enhorabuena.

Seguimos con terminología de poder financiero:

FCF

Fondos generados por la empresa,
después de habe realizado las reinversiones
necesarias en Activos Fijos y Circulantes
considerando que no existe deuda ni intereses

CF accionista

Fondos generados por la empresa,
para sus accionistas
después de haber realizado las inversiones
necesarias en Activos Fijos y Circuantes,
haber devuelto la deuda y pagado los intereses

Rentas por alquiler	+ 24.000
Gastos luz y otros suministros	- 4.000
Beneficio	20.000
Inversiones mobiliario, reformas	-5.000
FCF	+15.000
Hipoteca (interés y amortización)	-8.000
CF accionista	7.000

Con esta tabla se entiende perfectamente, ¿verdad?

Todo este lenguaje que estamos aprendiendo es el lenguaje de inversores con gran poder adquisitivo, así ahora nos toca también al equipo de líderes femeninas que crean Océanos azules.

VALORA Y VENDE TU EMPRESA. EL APALANCAMIENTO DEL SISTEMA

Este tema es espectacular, líder de los negocios femenina.

En más de diez años asesorando empresas me he dado cuenta de que la mayoría de l@s CEOS que he conocido no saben valorar su empresa, que es su mayor activo, y lo que les puede hacer libres financieramente. Además, ni se plantean venderla. Esto es como tener el tesoro en casa e ir ciega con el mapa del tesoro intentando encontrarlo. Una locura, ¿no crees?

Este conocimiento de cómo se valora una empresa debería estar en manos de todo el mundo. Vamos a seguir deshojando la margarita, que esto se pone pero que muy, muy interesante. Existe un mercado multimillonario en compra y venta de empresas que ni te imaginas y casi sin explorar.

Todo esto empezó a tener un auge espectacular en Silicon Valley con el modelo Line Startup comenzando el milenio.

Wake up. ¡Despierta! ¡Despertemos! Mercados multibillonarios en compra y venta, así sí que da gusto ser vendedora. ¿Te imaginas a cuánto puede ascender una comisión de venta de esto?

¿Te animas a comprar y vender empresas? Brutal esto, de verdad.

El EV

El **Valor de la Empresa/ Enterprise Value (EV) y...**

Utilizamos los anglicismos porque en el mundo de las finanzas corporativas todo el mundo los utiliza.

Pues entonces, el Valor de una Empresa debe ser igual al valor del Equity más la Deuda.

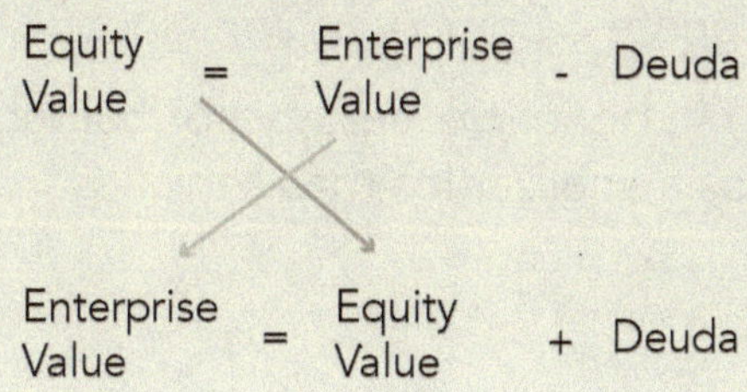

¿Qué es el equity, líder mujer?

Se puede definir al Equity Value como el valor de los fondos propios de la empresa, es decir, este índice mide el valor del capital de la empresa.

Por decirlo de otra manera, el **Equity Value será el importe total** que un comprador deberá realizar para adquirir una empresa manteniendo su estructura financiera, es decir, manteniendo sus obligaciones financieras teniendo en cuenta la deuda del negocio. Como ves en la gráfica.

Múltiplos de valoración de una empresa

PRINCIPALES MÚLTIPLOS

- EV/ Ventas
- EV/ EBITDA
- PER: Precio / Beneficio Neto
- Precio / Valor Contable
- Precio / Flujo de Caja

Estos son los principales múltiplos de valoración de una empresa, unos son más sencillos que otros, así que seamos inteligentes. Como ves, son cinco:

Ventas, EBIDTA, beneficio neto, valor contable y flujo de caja. Vamos a analizar los más sencillos.

$$\text{MULTIPLO EV/ Ventas} = \frac{\text{Valor empresa}}{\text{Ventas}}$$

Por ejemplo, analizamos el sector de una farmacia, que serían las ventas del negocio igual al Equity entre las ventas

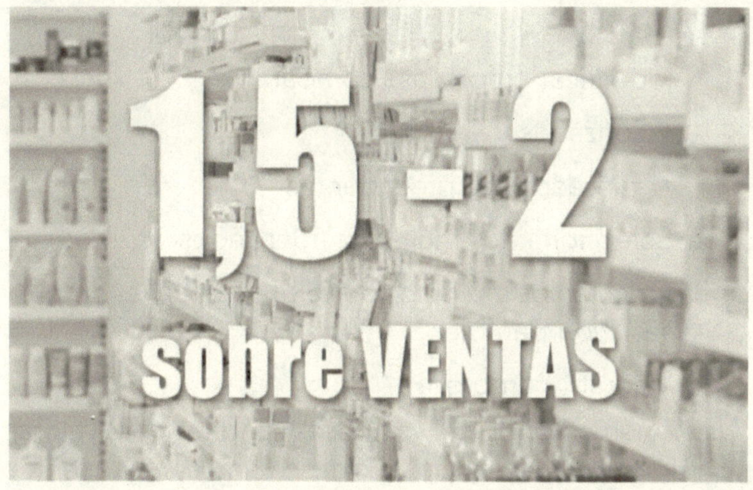

Por ponerlo sencillo, imagínate que sale -0,5. Lo interesante aquí sería hacer este cálculo con otras farmacias que sean solventes y hacer la comparativa para decidir si es una oportunidad invertir aquí y comprar este negocio.

$$\text{MULTIPLO EV/ Ventas} = \frac{\text{Valor empresa}}{\text{EBITDA}}$$

$$\text{Ratio de Apalancamiento (\%)} = \frac{\text{Deuda}}{\text{Deuda} + \text{Equity}}$$

Esta valoración es una de las que más me gusta y la más sencilla para valorar una empresa, que sería el EBITDA por el múltiplo del sector, por ejemplo, EBITDA x 2.

¿Cómo calculamos el valor de una empresa? Cuatro sencillos pasos:

1. Identificar empresas "comparables"":

   • Cotizadas

   • Transacciones precedentes

2. Seleccionar los múltiplos adecuados

3. Calcular los múltiplos de valoración en las empresas "comparables"

4. Valorar tu empresa

Al ser bien entendidos, son pasos sencillos para valorar un negocio o tu negocio. Los describimos brevemente:

1. Buscar en el mercado empresas que se parezcan mucho a las que quieras valorar y si ya están valoradas y hay transacciones, es decir, ventas precedentes para saber el valor y cómo se han vendido esos negocios.

2. Seleccionar los múltiplos más adecuados como hemos visto antes, por ejemplo, el EBITDA x 2. Hay tablas de múltiplos por sector en Internet para que puedas buscarlas cuando hagas la compra o venta de un negocio.

3. Si elegimos como múltiplo adecuado el EBIDTA x 2, valora empresas similares para hacerte una idea del valor de la venta.

4. Finalmente valorarla y buscar inversores o compradores de tu negocio.

¿Te animas, te pones en acción?

¡Síííí! Recuerda que puedes valorar una empresa y venderla sea tuya o no.

Impresionante, ¿no crees?

También es interesante que para analizar y valorar un negocio tengas en cuenta los siguientes factores y te contestes a las siguientes preguntas.

Te dejo un ejemplo de lo que es el EBIT y el EBITDA como factor de valoración de un negocio.

Vamos bien de energía hasta aquí, seguro, que quiero verte y sentirte entusiasmada. Así que sigamos analizando y valorando empresas.

El EBIT y el EBITDA

Una imagen en este caso vale más que mil palabras.

CONCEPTOS	IMPORTE
Ventas	900.000
Coste de las Ventas	650.000
Margen Bruto	350.000
Gastos de personal	200.000
Otros gastos de explotación, generales y administrativos	50.000
EBITDA	100.000
Amortización y depreciación	3.000
EBIT	97.000
Intereses de deudas	25.000
BT	72.000
Impuestos	14.400
Resultado del Ejercicio	57.600

Factores clave y preguntas para analizar un modelo de negocio.¿Qué tiene que tener para ser escalable?

ANALIZAR UN MODELO DE NEGOCIO

Factores de análisis
¿Es grande?
¿ Es escalable?
Barreras de entrada
¿Aporta valor?
Coste de cambio
¿Los ingresos osn recurrentes?
¿Disrupción en los costes?
¿Flujo de caja?
¿Márgenes?

Estas serán las preguntas que te hará un inversor, si sabes contestarlas con certeza dándole la valoración de tu negocio tendrás muchas papeletas para conseguir el éxito de la operación.

Puedes pedir comisiones por vender una empresa recién salida de la universidad.

Vamos a ver ahora los determinantes de la escalabilidad de una marca o un negocio:

¿Qué tiene que tener un negocio para ser escalable?

- Mercado grande

- Canales escalable: internet

- Oferta estandarizada

- Recursos escalables

> *Cuando tu compras/ inviertes en una empresa (o en cualqueir tipo de inversión), en el fondo, tu principal objetivo es obtener unos Cash Flows en el futuro, con una retanbildiad sobre la inversión que realizas hoy.*

Fíjate, lo importante de este concepto es que una inversora poderosa se centrará en buscar asegurarse los flujos de caja de un negocio por lo menos dentro de diez años. Este análisis es espectacular.

Esta forma de pensar es increíble y te aseguro que tiene el poder de cambiar nuestra economía.

En resumen, espero que no se nos haya bajado la energía con estos términos contables y que lo haya podido hacer ameno, entendible y que no nos salga humo por la cabeza. Sé que un poco sí, je, je, je. Pero no pasa nada, porque lo que no nos mata, nos hace mucho más fuertes, y este capítulo del libro nos está haciendo mucho más fuertes.

He de serte sincero también, la verdad es que a veces no entiendo por qué se complican tanto las cosas, y eso que nos han faltado términos como la prima de riesgo, los fondos de inversión, el TIR%, el TAE% o el interés compuesto. Sin embargo, para que empecemos a gestionar económicamente nuestro Océano azul esto es suficiente por el momento. Te lo digo porque a veces pienso que esta es una forma de impedir que las personas puedan acceder a las grandes fortunas. Sigo pensando que hay que facilitarle al amor el camino y que fluya en los negocios y las personas y se rompan las barreras para que todas las personas puedan ser prósperas y vivan en la abundancia manifestando el estilo de vida deseado y los sueños más ambiciosos. Sigo pensando que estos conceptos son muy mentales, aunque bien entendidos y enfocados desde la energía del amor nos pueden ayudar a construir grandes Océanos azules y mucha libertad en este mundo.

Cuando creas, valoras y vendes una empresa, sé que uno de los aspectos más importantes es el subjetivo, de hecho, el precio de las cosas es subjetivo. Tú puedes tener una idea tan fascinante que un inversor pueda pagarte un millón de euros sin ser rentable. De hecho, la clave es poner un precio subjetivo alto e inspirar a que te lo compren, siempre para crear un impacto positivo en el mundo. Así lo siento y lo afirmo.

¿Nos comprometemos a ello?

¿Tú qué opinas? ¿Eres de las mías?

Seguimos, somos un equipo tú y yo para cumplir nuestro objetivo. Adelante.

Últimas sugerencias para valorar y vender tu empresa, son doce superfactores

<u>Lo subrayo, ya que se trata de un resumen muy práctico.</u>

0. Hacer un listado con los posibles compradores, lo mejor es más de diez si puedes, y crear un documento base con los aspectos esenciales. Puede ser el Business Model Canvas, sin poner el nombre de tu empresa, y crear un acuerdo de confidencialidad para que lo firme el comprador.

   1. Mucha paciencia para vender, los procesos son largos. Mínimo tres meses, máximo dos años.

2. Siempre es aconsejable ir de la mano de un abogado y un fiscalista en todo el proceso de venta.

3. Nada es para siempre. Una empresa no es un bebé, es un bien que se puede vender.

4. Mucho mejor hacer las cosas bien desde el principio que corregir después. Un mentor es una excepcional opción para tu empresa.

5. Siempre es bueno que un negocio no dependa de ti.

6. También es bueno que el negocio no dependa de pocos clientes y pocos productos.

7. Documentar todo por escrito, procesos y sistemas. Esto nos lo va a pedir el comprador.

8. Es necesario un control financiero frecuente desde el principio. Una cosa son ventas, otra cobros y otra rentabilidad.

9. Es tu negocio, es tu vida. Toma el control, sé líder de tu vida y negocio.

10. Sé absolutamente honesto y radicalmente transparente ante las preguntas del comprador.

11. Puedes consultar a asesores, M&A (Mergers and Acquisitions), para compra y venta de adquisiciones y activos.

Te dejo las tarifas estándares.

Las tarifas típicas de consultoría M&A

<u>Tarifa fija</u>

- *Compensa gastos directos de los consultores trabajando para ti.*

- *Tarifa fija mensual o por hora (no recomendable).*

- *Cubre el riesgo que el vendedor de repente no quiere vender.*

- *No necesariamente es más trabajo vender una empresa de/ por 200k que por 25M.*

- *Probablemente las tarifas fijas totales no serán menores de 10K al mes.*

- *Grandes consultores pueden no estar interesados por < 100.000 €.*

<u>Succes fee / tarifa a éxito</u>

- *Desde 2% a 8%, dependiendo del tamaño del acuerdo previsto/ precio final.*

- *A muchos modelos...a éxito posibles.*

- *Muchas veces se permite deducir lo pagado en fijo, de la remuneración variable / a éxito.*

- *M&A querán ser pagados...en el acto.*

12. Mi ejemplo. Por último, voy a dejarte un ejemplo de cómo vender un activo. En mi caso tengo representaciones comerciales de productos, una de ellas me da 30.000 euros al año. Si quiero vender esto a un comprador podría venderlo en 30.000 x 5. En este caso, utilizo el múltiplo de facturación x 5.

Como hemos dicho, la tarea es valorar un activo y venderlo.

Con lo que has aprendido aquí, vamos a por ello. ¿Lo hacemos?

Yessss!

Sí, aunque te parezca mentira tú puedes hacerlo. Esto es mentalidad de abundancia.

El apalancamiento financiero

El apalancamiento financiero es el efecto de una decisión financiera que hace crecer tu capital, tu efectivo y tu beneficio utilizando un préstamo y no desprendiéndote del efectivo, siempre y cuando tengas líquido el valor del préstamo y la operación que vas a hacer con él te dé un beneficio.

Algunos conceptos sobre el Equity también son importantes aquí, aunque verás qué sencillo es esto del apalancamiento financiero y cómo te va ayudar a hacer tu negocio más líquido,ya que este concepto es importante para calcular con la fórmula el apalancamiento financiero.

Acerca del Equity…

- Dividendos
- Los dividendos no son contractuales
- Los dividendos no generan escudo fiscal
- El Equity no incrementa el riesgo

Esto que a veces suena a estar en otro planeta para algunas personas, y confieso que a mí también me ocurría, vamos a aterrizarlo con el siguiente ejemplo.

	SIN APALACANMIENTO 0%	CON APALACANMIENTO 90%
Compra (año 0)	100.000	100.000
Equity	100.000	10.000
Deuda	-	90.000
Apalancamiento	0%	90%
Venta (año 1)	110.000	110.000
Plusvalía (10%)	10.000	10.000
Tipo de interés (3%)	-	2.700
Beneficio	10.000	7.300
ROE	**10%**	**73%**

En esta tabla se entiende muy bien el concepto de apalancamiento financiero. El Equity se refiere a tu capital, tú ya tienes los 100.000 euros, sin embargo, pides un préstamo de 90.000, ahora tienes una liquidez de 190.000. Te has apalancado financieramente en un 90%, tienes pulmón económico. Vendes en un año por 110.000 con una plusvalía de 10.000 euros, tipo de interés 3%, 2.700. Has conseguido un beneficio de 7.300, como un retorno de la inversión de un 73%. Si tienes el capital y puedes conseguir beneficio de una venta futura el endeudarse puede ser la mejor opción. Dinero llama a dinero. Espero que hayas entendido bien este concepto, ya que está genial para aumentar nuestro capital.

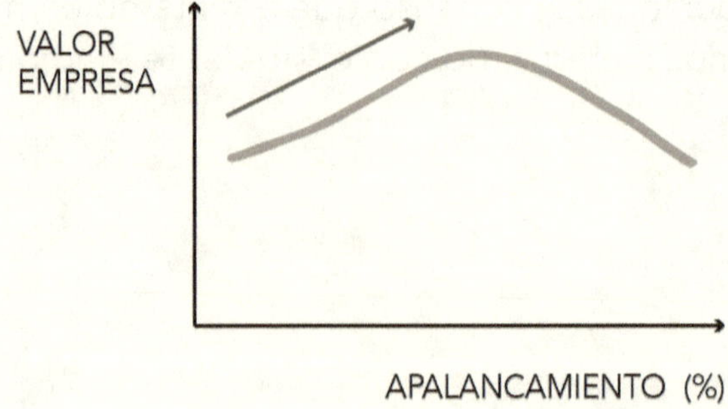

Te dejo también la fórmula para que puedas calcularlo matemáticamente.

$$\text{Ratio de Apalancamiento (\%)} = \frac{\text{Deuda}}{\text{Deuda + Equity}}$$

MOTORES DE CRECIMIENTO DE TU OCÉANO AZUL

Te comparto los tres más importantes que dan resultados:

3 MOTORES DE CRECIMIENTO

Motor	Métricas	FOCO
DE PAGO Pagar para atraer clientes	CLTV· CAC CAC Payback	Optimizar CLTV - CAC Reinvertir fuertemente
VIRAL Los clientes nos generan nuevos clientes	Coeficiente de viralidad	Fomentar viralidad: más valor, uso compartido, disminuir costes, etc.
PEGAJOSO Los clientes vuelven y permanecen mucho tiempo	Ratio de Altas > Bajas (churn)	Fomentar el uso, la repeticón, los costes de cambio, el lock-in, etc.

Sigamos con contenidos clave para analizar nuestro negocio. Como ya hemos hablado y nos recuerda Peter Druker, todo lo que no se puede medir, no se puede hacer crecer. Vamos con esta tabla y a explicar cada parte.

¿Estás con energía? Ánimo que este conocimiento es muy interesante, je, je. Cuántas veces he dicho esto en este libro, ¿verdad? Pues sí, pero es que es verdad, ¡sígueme!

Tres motores de pago como, por ejemplo, en Facebook ADS para atraer tus clientes ideales, ya que te permiten estas plataformas una segmentación brutal que es interesante medir: el Customer Lifetime Value, que son los meses en los que el cliente está pagando tus servicios, el CAC, que es el coste de adquisición del cliente, has invertido 100 euros para captar un cliente, y el *payback*, que es el retorno de la inversión.

Las tres estrategias de pago para captar suscriptores por Internet: viral a través del boca a boca, pegajoso, con cuotas recurrentes, y un seguimiento semanal o quincenal, donde estás continuamente con cliente y dándole valor.

Elige tu estrategia y las ratios de medición en tu Océano azul que vas a implementar ya para tomar las mejores decisiones.

¿Verdad que te sientes poderosa después de conocer esto y ponerte en acción?

Un poco de lean startup para tu océano azul

Esta es una de las metodologías que más me gusta para crear un Océano azul, porque nos calma, nos pone conciencia, minimiza los impulsos y nos ayuda a tener resultados. Acompáñame, verás qué genial es este contenido.

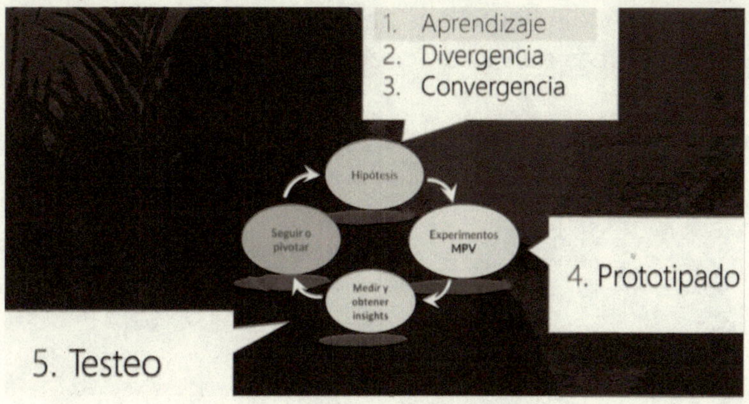

Vamos a ver la estrategia y los pasos de manera sencilla y rápida.

Se genera una idea en un equipo, por ejemplo, "vamos a ser líderes en el mercado del vehículo eléctrico". Divergencia y convergencia son puntos a favor, y en contra se hace un *Brainstorming* y el equipo lo expresa. A favor sería "ecológico", en contra, por ejemplo, "puntos de recarga escasos".

Una vez que se decide que la idea es válida se saca un MPV o Producto Mínimo Viable, un prototipo, puede ser un vehículo sin asientos de cuero, sencillo, con poca inversión y con colores estándares, por ejemplo, y se lleva al mercado. Aquí es donde se hacen encuestas al cliente para mejorar el producto y tener *feedback* del cliente y el mercado, estamos testando para aprender y crecer. Aquí decidimos si seguimos en la misma línea o cambiamos, ya que el cliente nos ha dicho que quiere asientos de cuero, por ejemplo.

Y si de lo que hemos aprendido la innovación que vamos a hacer tras el aprendizaje, pues volvemos a empezar todo el proceso. Que sería, por ejemplo, que el mercado y el cliente nos han dicho que prefieren motos eléctricas en vez de coches.

PROBLEM-SOLUTION FIT	Hemos encontrado una solución para un problema	DESCUBRIR
PRODUCT-MARKET FIT	Hay suficiente gente que ve valor y que está dispuesta a pagar por el producto, además podemos llegar a ellos de forma rentable.	VALIDAR
MOTOR DE CRECIMIENTO	Podemos crecer hasta tener un negocio escalable y rentable	VALIDAR
ESCALAR	Pisar el acelerador y crecer lo más posible	ESCALAR

Como te decía, esta mentalidad es genial para toda emprendedora o empresaria, ya que nos permite minimizar los errores en nuestro negocio. Nos ayuda a tener templanza, a ir paso a paso, a ser menos impulsivas para tomar las mejores decisiones estratégicas. Vemos los pasos claramente en la tabla para no perder el foco.

CAUSA DE FRACASO

Intentar crecer antes de alcanzar PMFit

Grábate esto porque es la clave.

Como ejercicio define en qué fase estás de tu negocio y qué tres decisiones vas a tomar después de haber leído este bloque.

Goooo! Has acelerado mucho tu éxito, ¡emprendedora! Si has llegado hasta aquí, enhorabuena de corazón.

¿Y si lo mejor está aún por llegar? Es importante que pensemos así en la vida.

LA PNL Y LA NEUROCIENCIA, LAS MEJORES PALANCAS DEL CAMBIO

Como has visto a lo largo de este libro, mi enfoque es absolutamente humanista y no capitalista, aunque ya que es el *statu quo* imperante vamos a utilizarlo a nuestro favor.

De targets a personas

Seamos absolutamente clientes céntricos, este libro va directamente de mi corazón al tuyo. Por eso es para líderes femeninas que crean Océanos azules. <u>tu éxito es el mío.</u>

¿QUÉ ES LA NEUROCIENCIA? ¿QUÉ ES LA PNL?

La neurociencia es un campo de la ciencia que estudia el sistema nervioso y todos sus aspectos, cómo podrían ser su estructura, función, desarrollo, bioquímica, farmacología, fisiología, y de cómo estos elementos interactúan dando lugar a bases biológicas de la cognición y la conducta.

Es uno de los modelos científicos que más en auge está en la actualidad, revelando conocimientos impresionantes sobre el potencial humano. Así que, por favor, empieza a leer neurociencia y apasiónate por ella, ya que todo nuevo descubrimiento en este campo nos cambia la vida. El principio más espectacular de todos para mí es la neuro-plasticidad, que nos dice que el ser humano puede cambiar su cableado mental, eso quiere decir que podemos dejar de ser quiénes éramos para convertirnos en quiénes queramos ser. Desde pequeños nos dicen: "Tú eres, despistado, tú, débil. Tú no vales para la ciencia, tú no vales para las letras". Estas etiquetas nos hacían tener un futuro rígido, ya que nos las creíamos afianzando aún más estos circuitos neuronales. Podemos cambiarnos, lo dice la neurociencia. Nuestras neuronas son como una plastilina moldeable que podemos cambiar. Vete corriendo a por la botella de champán y empieza a botar como una campeona. No entiendo cómo la humanidad no está dando saltos de alegría sin parar después de este espectacular conocimiento.

¿Qué ES LA PNL?

Lo que a mí más espectacular me parece de la PNL es que en los años 70 saliera a la luz esta disciplina y que hoy en día la neurociencia más puntera corrobore esta disciplina y sus principios. A mí se me considera un experto en esta disciplina en mi entorno, así que voy a extenderme un poco más en ella.

¿Preparada? Vámonos.

→ Fundamentos de la PNL y técnicas comerciales asociadas

1.PROGRAMACIÓN NEUROLINGUÍSTICA

Es la única técnica que se ampara y describe el *"cómo"*, el funcionamiento del modelo, el proceso, y la única técnica que garantiza el cambio permanente a corto plazo

El resto de las técnicas y estructuras te dicen el *"qué"*. Debes cambiar tu mentalidad, debes hacer clientes nuevos, debes practicar tu presentación, debes ser más alegre, debes salvar objeciones, no ser negativo. Todo esto está bien, tienen razón, pero, **¿CÓMO LO HAGO?**

☐ AUTORES PRECURSORES DE LA TECNOLOGÍA PNL

· Virginia Satir(experta en gestión familiar)
· Fritz (terapia gestal)
· Milton H Erikson (Hipnoterapia)

☐ CREADORES DE LA TECNOLOGÍA

· Grinder y Bandler, discípulo y alumno que al observar a los precursores elaboran la técnica desde la observación y éxito de sus compañeros.

☐ EL INCONSCIENTE "ES EL QUE MARCA LA DIFERENCIA PARA OBTENER UNA MENTE BRILLANTE"

Freud lo dividió: yo, super yo, ello…, gran acierto. Comenzó a estudiarlo, pero el desacierto fue dividirlo; **EL INCONSCIENTE TRABAJA COMO UNA UNIDAD.**

El inconsciente se encarga de las conductas y emociones y de todos los procesos biológicos; parpadear, respirar, etc.

"LAS PERSONAS SOMOS COMO ICERBERGS; EL CONSCIENTE DE LA MENTE (LO QUE SALE A LA SUPERFICIE) ES EL 5%, Y EL 95% RESTANTE ES EL INCONSCIENTE, LO QUE PERMANECE POR DEBAJO DE LA SUPERFICIE"

Es literal, no analiza, es espontaneo, no tiene sentido del humor, sólo informa en determinados momentos. Es inocente, no distingue entre realidad y ficción, asimila las metáforas y los símbolos, y es atemporal.

☐ NOCIONES BREVES Y SENCILLAS DE NEUROCIENCIA APLICABLES

La neurociencia se dedica al estudio, observación y análisis del sistema nervioso central del ser humano.

"Nuestros pensamientos y el lenguaje son disciplinas que definen nuestra calidad de vida"

El cerebro consta de dos partes destacables;

1) ZONA CORTICAL Y NEURO CÓRTEX, donde se encuentran las neuronas (2mm de grosor).

2) ZONA MEDULAR, que se encarga de funciones vitales; hígado, intestino…

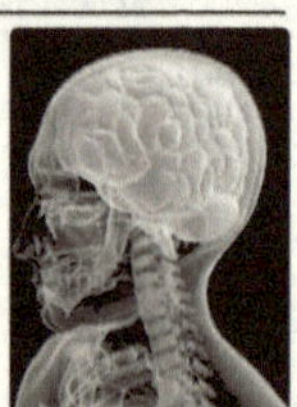

NEURONAS: Son células diferenciadas, pertenecientes al sistema nervioso central, capaces de propagar el impulso nervioso a otras neuronas.

CIRCUITOS Y SURCOS NEURONALES

(Los patrones de conducta generan surcos neuronales que incluso se ven al microscopio) y se van enraizando, generando conductas. Los circuitos paralelos generan y programan nuevas pautas positivas ("comer adelgaza")

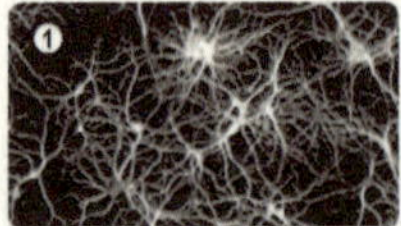

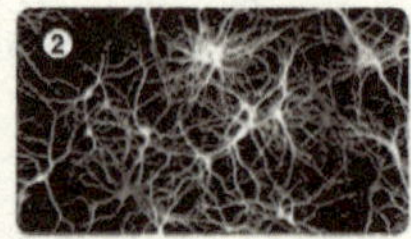

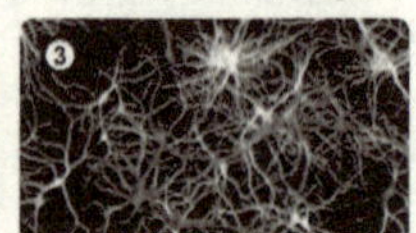

1. neuronas aisladas que reaccionan ante impulsos

2. de cada neurona surgen ramificaciones (dendritas) cuando se llenan de información

3. las dendritas unen neuronas entre sí, creando circuitos que enraizan, generando hábitos y conductas ante el mismo estimulo

"EL CEREBRO ESCOGE LA MEJOR OPCIÓN DE LOS ARCHIVOS, ASÍ QUE DÉMOSLE OPCIONES POSITIVAS"

"Mi vida se disfruta en plenitud"

"La intención positiva de las conductas genera nuevos archivos"

"Podemos aprender con creatividad visual, sensorial y auditiva con creatividad y sabiduría para generar nuevos archivos"

"La excelencia es una competencia inconsciente"

La PNL es una disciplina que nace en Silicon Valley en los años 70. Un lingüista llamado John Grinder y un informático llamado Richard Bandler ya cuando eran universitarios se empezaron a cuestionar por qué un profesor llenaba las aulas y otros no, teniendo el mismo currículum.

Con este mismo enfoque cuando se licenciaron empezaron a poner foco en tres grandes maestros del desarrollo humano del entorno que obtenían resultados espectaculares, que fueron Virginia Satir, la gurú de la terapia familiar, Milton Erickson, el hipólogo más famoso del mundo, y Fritz Perl, el fundador de la psicología Gestalt.

Estas personas eran asombrosas, ya que, por ejemplo, llegaba a su consulta una persona hecha polvo que no quería seguir adelante, y con media hora con ellos estaba resuelto el problema. Sí, has leído bien, en media hora. La PNL es espectacularmente rápida, de hecho, una de sus definiciones es el cambio permanente a corto plazo.

Bandler y Grinder tras mucho esfuerzo consiguieron estar durante un año grabando y estudiando a estos genios y publicaron su libro *La estructura de la magia*, título muy sugerente que nos dice que la magia tiene una estructura. Gracias a ellos hoy nuevas generaciones, como la mía, podemos seguir llevando al mundo esta espectacular tecnología llamada PNL.

¿Cómo funciona la PNL?

La PNL nos dice que el cerebro es parecido a un ordenador y, como ya hemos visto, su única función es mantenernos vivos, no que alcancemos el éxito.

Te pongo un caso real de cómo funciona para que se entienda mejor.

Llega una mujer de cuarenta años a mi consultorio de *coaching* y me dice: "Javi, ayúdame, que como por ansiedad". Nosotros sabemos que tal cosa no existe, son una serie de programas que activan una conducta compulsiva de comer.

Con una serie de herramientas lingüísticas de las que disponemos los Master Practitioners de PNL, empiezo a indagar en su historia y le pregunto qué relaciones tiene con la comida que haya aprendido.

Y me dice lo siguiente:

"Mira, Javi, yo cuando era pequeña (vivía en el País Vasco) y mi padre venía del Txoko de comer chuletones, me cogía lleno de entusiasmo y me decía: Hija, comer es la felicidad, tengo la panza llena, ¿que más se puede pedir?". Y esto lo repetía cada semana, en imágenes, sonidos y sensaciones. Imagínate el circuito neurológico que grabó esta niña, ya no era un circuito, sino el Gran Cañón del Colorado. Tenía una asociación entre comer y felicidad.

Pero no, esto no se acaba. Le sigo preguntando: "¿Algo más?". Me dice:

"Sí. Cada vez que comía lentejas en casa de mi abuela, que no me gustaban nada, me decía: Cómete toda tu comida porque los niños en la guerra no tienen y por eso te lo tienes que comer". ¿Quién no ha tenido estas abuelas? ¡Pero qué guerra, por Dios! Esta niña tiene otra asociación que ha grabado en su cerebro una y otra vez en imágenes, sonidos y sensaciones, de comer y culpa.

Menudo panorama, aunque yo sabía que esto no había quedado aquí. Yo seguía a lo mío: "¿Algo más?". "Sí, Javi, aprendí a asociar comida con energía, ya que mi madre me decía una y otra vez que si discutía con mi pareja o mi jefe que comiese chocolate, que me subía la energía".

Woo! Tener familia para esto. "¡Menudas programaciones!", pensaba yo en mi foro interno. Amo incondicionalmente a mi familia y creo en la familia como organización social perfecta, pero como dice Alejandro Jodorowsky: "Tu familia puede ser tu mayor tesoro y tu mayor carga".

Prosigamos para que se acabe de entender bien esto. Cada vez que esta mujer discutía con su jefe, pareja o madre, su cerebro buscaba en sus archivos. Esta mujer, al pasar por la pastelería, sin saber por qué se compraba una caja de donuts, se comía tres casi sin saber por qué. Y, claro, como los niños en la guerra no tenían, asesinaba los seis donuts engulléndolos sin saber por qué, diciéndose a sí misma: "Tengo ansiedad, como por ansiedad, necesito un *coach*".

Nuestro cerebro va a la velocidad de la luz, activa la información de comer y culpa, comer y ansiedad y comer y energía, sin darse cuenta la persona, activando compulsivamente la conducta de comer dulces impulsivamente.

Nuestro cerebro en este caso no tiene nuevas opciones. Imagínate que desde pequeños oímos: "La ensalada es la felicidad", o "Hacer deporte es lo mejor cuando discutes con alguien", o "La energía se consigue saltándote comidas copiosas". Tu cerebro va a decir: "Genial, con esta nueva información baja el colesterol, los triglicéridos y vamos a vivir con más calidad de vida".

Con este conocimiento somos capaces de bajar la carga emocional casi a un 50%, el resto sería una sesión de *coaching* con PNL. En este libro no tengo la posibilidad de aplicarla, pero puedes contactar conmigo y solucionarlo. Escríbeme a javier@javierfreie.com

TÉCNICAS DE PNL Y NEUROCIENCIA PARA SER UNA INFLUENCIADORA PODEROSA

Bienvenida a este espectacular punto, ya te estás acercando a la recta final. Sin embargo, evita relajarte, ya que este contenido también es esencial.

El liderazgo femenino que crea Océanos azules y se expande necesita técnicas de neuroventas y PNL. Es hora de crear equipo, vender empresas a inversoras, etcétera. Así que vamos a por esos recursos que hacen la diferencia. Abróchate el cinturón porque comienza la influencia irrefutable femenina.

Descubre el canal preferente de tu cliente o quien quieras influenciar

2.EJEMPLOS GRÁFICOS Y CONCRETOS

Vamos a aterrizar estos conceptos: el 50% de las personas son preferentemente visuales, el 40% son preferentemente sensoriales, y el 10% preferentemente auditivos.

CARACTERISTICAS FUNDAMENTALES:

A) LAS PERSONAS VISUALES por lo general son muy ordenadas con los objetos, andan muy rectos y con la mirada hacia el frente, en los hombres suele haber una preferencia de ir en trajes y muy elegantes, prima la imagen, en cuanto a las mujeres muy maquilladas, muy conjuntadas. Las cosas de los visuales tienen muchos adornitos y no sabes si contemplarlas o sentarte… estas personas utilizarán predicados como *"viste"*, *"percibiste"*, *"te imaginas"*, *"observa con atención"*, *"que vista tan bonita"*, *"que bonitos colores"*,… Perciben el mundo preferentemente en imágenes, y sus globos oculares mirarán hacia arriba. En resumen, predicados que describen imágenes, trajes y cuidadas imágenes, con la mirada al frente y erguidos, y sus ojos preferentemente miran hacia arriba.

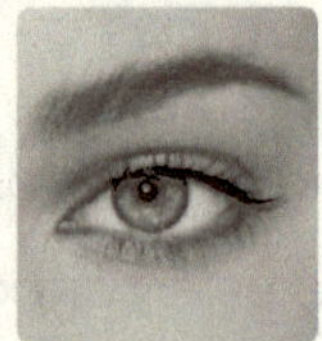

B) LAS PERSONAS PREFERENTEMENTE SENSORIALES, suelen llevar ropa cómoda, andan sintiéndose, y van sueltos relajados, piensan y meditan una situación tocándose por ejemplo la barbilla, miran hacia abajo al reflexionar, hablan bajo en la reflexión, alto si se molestan por algo, les gustan mucho los abrazos, son muy entusiastas cuando les gusta algo y muy críticos si no están alineados con sus gustos, tienen sus cosas desordenadas para la vista pero saben perfectamente dónde tienen cada cosa, y viven en un desorden ordenado. Sus predicados son de este tipo: *"me da mala espina"*, *"esto no me huele bien"*, *"me siento contento"*, *"qué bien me siento así"*, *"me encanta tu perfume"*, *"qué bien sabe esta comida"*, *"estimula tus sentidos"*,... Sus globos oculares suelen mirar hacia abajo.

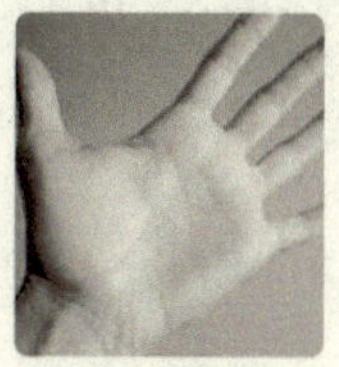

C) LA PREFERENCIA AUDITIVA: se da tan solo en el 10% de las personas, y suelen ser personas con altos cargos y altos directivos, es la más difícil de detectar, pero con el resto tenemos el 90% del mercado. Sus globos oculares están situados al pensar en el centro derecha / centro izquierda, y sus predicados son tales como, *"hablando se entiende la gente"*, *"escúchame, es importante lo que te voy a decir"*, *"estos sonidos son bellos"*,... suelen poner el oído en la comunicación cerca de los sonidos.

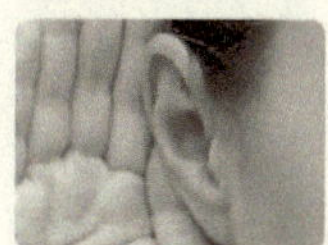

Pobres conejitos de indias, a partir de ahora tus clientes. Cerremos este punto con los siguientes ejemplos para que quede muy claro.

En programacion neurolinhuistica sabemos que existen preferencias perceptivas, visuales, auditivas y kinestesicas, y sabemos que la mayoría de conflictos están asociados con estas atonías perceptivas.

■ Por ejemplo, imaginemos una pareja donde ella es preferentemente visual y él preferentemente sensorial. Ella (recordemos que es preferentemente visual) tiene su casa como un museo llena de adornitos, no sabes cuando llegas a su casa si sentarte o contemplarla como un museo. Ella sabe que va a llegar su pareja y se pone bonita para que la vea, se pone un vestido espectacular, se maquilla...

Al rato aparece su pareja (una persona preferentemente sensorial), que llega cansado del trabajo, va directamente a la cocina, abre un bote de mayonesa para hacerse un sandwich, se le cae en la mesa, deja abierto el bote y no lo recoge, se va al salón con una cervecita, se descalza y deja un zapato por aquí y otro por allí, al tiempo que apoya la lata de cerveza en cualquier sitio dejando las inevitables marcas como si fueran aros olímpicos, dejando su huella tras de sí...

¿Qué pasará cuando baje esa mujer y vea este desatre? "¿Pero no te fijas, no ves, no te das cuenta de lo que has manchado?"

Él le dirá algo así como: "Relájate, tranquila, ¿no ves que te estás estresando?". Cabe mencionar que **en esta pareja cada uno ve su mapa perceptivo con su valor primordial**. Entonces van a saltar chispas, reproches de todo tipo, los trapos sucios, sale el abuelo borracho, la madre histérica, etc, y la situación se va a poner muy fea.

Puede que para arreglar la situación decidan a ir a un psicólogo, que seguramente se tratará de una persona preferentemente auditiva, y les va a decir: "Comuníquense, hablando se entiende la gente..." Y va a haber una atonía perceptiva insalvable en los tres canales perceptivos... y ahora también el psicólogo tendrá un problema.

¿OS SUENA ESTO?

Técnicas lingüísticas de influencia

La líder femenina poderosa que convence a los demás comienza y empieza aquí, espero que estés contenta porque llega más conocimiento potente.

1) Técnica del no inverso con PNL. Esta es una técnica muy potente:

Ejemplo: si yo dijera "no pienses en un perro verde volando" ¿inmediatamente qué viene a nuestra mente?...

Expliquemos a qué es debido esto; para nuestra mente inconsciente, que es el jefe, el 95% opera así, el "no" no existe, la explicación más estudiada por el conductismo es que como desde niños nos dicen "no llores", "no subas", "no grites", "no juegues", "no comas"... parece que nuestra mente bloquea esta palabra como mecanismo para la supervivencia.

Cada vez que programamos nuestra mente y perseguimos un objetivo, o debemos tomar una decisión, o seguir una directriz inducida, el "no" no existe para el 95% de nuestra mente, por eso instantáneamente pensamos en un perro verde volando.

Ejemplo en una negociación de cierre:

"No se preocupe, es que mi trabajo me entusiasma, pero relájese, no tiene por qué comprar el servicio más caro, no tiene por qué pagarme ahora y no tiene por qué volver a repetir la compra." ¿Qué será lo que la mente del cliente percibirá?....

El consciente percibe el "no", el inconsciente no lo percibe; 95% contra 5% ¿quién crees que vence? **LO ÚNICO QUE PUEDE HACER A ESTA TÉCNICA NO TENER ÉXITO ES NO CONOCERLA.**

2) Conseguir transmitir nuestras intenciones y conseguir que nuestro cliente las afirme

Es el ABC de las ventas, sigamos con las siguientes estrategias:

A- EL SET SÍ, en la venta y la presentación.

Con esta técnica conseguimos que el cliente afirme nuestros argumentos:

Ejemplo 1

· *¿Es verdad que busca un producto en calidad y precio?* **SÍ**
· *¿Es verdad que es interesante tener un producto tecnológicamente avanzado?* **SÍ**
· *¿Verdad que es muy importante un servicio posventa adecuado?* **SÍ**
· *¿Verdad que es interesante tener un servicio personalizado?* **SÍ**
· *¿Da tranquilidad poder pagar de forma flexible, verdad?* **SÍ**
· *...*

Esta es una técnica ya muy usada y quizás a veces burda, aunque puede ser efectiva y funciona, a continuación recomendamos las siguientes como complementarias,:

Ejemplo 2 *(no inverso + set si)*

· *Aquí está mi cotización y quiero aclarar unos asuntos con usted, ¿verdad que busca un ordenador de calidad?,* **SÍ** *(la pregunta, aunque quizás obvia, obliga a decir "sí")*
· *E imagino que está comparando diversas opciones, ¿verdad?* **SÍ**
· *Perfecto, ahora bien, analice y observe las características técnicas y solo, solamente si supera a la competencia, me compra, ¿de acuerdo?... Quédese tranquilo, no le voy a condicionar a que compre ahora, de ninguna manera debe comprar el más caro, ni que me pague al contado."*

Esta técnica en su conjunto es muy potente, pero si aún así el cliente se siente invadido y dice *"me lo voy a pensar"*, vamos a la técnica siguiente:

Aunque hacemos dos preguntas, **nuestro objetivo se haya ya implícito en la pregunta.**

Ejemplo 1

· *¿Cómo decides pagar, en metálico o en cheque?*

Ejemplo 2

· *¿Bailas ésta o la siguiente?* (puede ocurrir que te diga "ni esta ni la otra", pero aumentas tu probabilidad en un 80%)

Cuando estás hablando y haces una pausa, nuestra atención se cierra, y lo que digas después de la pausa es una información diferente que llega directamente a la parte inconsciente del cerebro.

Después de todo lo anterior, si el cliente duda conseguiremos la máxima efectividad con el siguiente ejemplo:

Ejemplo 1

"Quédate tranquilo, José Luis, porque de ninguna manera(pausa), ESPERO QUE HOY MISMO COMPRES (orden imbricada). Te dejo la cotización y créeme (pausa), QUE COMPRES LA MÁS CARA(orden imbricada) y por supuesto no espero (pausa) QUE ME PAGUES AL CONTADO (orden imbricada)...."

Ejemplo 2

Margaret Thatcher, se enfrenta a una huelga de estibadores:
Primero utiliza el **SET SÍ**: "¿Estamos de acuerdo que el objetivo de esta reunión es encontrar soluciones?, todos contestan **SÍ**, "¿Y que esas soluciones sean aceptables para ustedes y para mi?¿Les parece entonces efectivo en que nos enfoquemos en buscar soluciones?" **SÍ**.
A continuación, utiliza **ORDENES IMBRICADAS** y **NO INVERSO**: "no estoy aquí (pausa) PARA IMPONER MI VOLUNTAD, (orden imbricada), y por supuesto no espero que hagan lo que yo digo, esto es un diálogo."

Una hora después se desconvocó la huelga, y eran intelectuales y gente muy formada. Margaret Thatcher fue entrenada por Richard Bandler y los resultados fueron extraordinarios, y consiguio sus objetivos disolviendo la revuelta.

A título de cierre y como reflexión humorística, ¿que pasaría si tu pareja te dice si sales una noche: "No bebas, no hables con nadie y por favor no gastes mucho"...

3) Técnica de PNL para telemarketing:

En la llamada insertar, modelo ATT (compañia telefónica líder en América):

- Decir tres veces el nombre de la persona
- Una vez *"por favor"*
- Una vez *"gracias"*
- Tratar de empatizar con la situación real del cliente en el mismo momento presente, calibrando el tono de voz, el estado de ánimo y las circunstancia que intuyamos.
- Reencuadre del contexto.

Ejemplo 1

-"Sí, dígame"
-"Con el señor Sergio Treviño, por favor"
-"Sí, soy yo"
-"Gracias, señor Treviño, lo que le voy a decir me llevará un minuto, no interrumpo nada, señor Treviño, se trata de lo siguiente, veo que va conduciendo, ¿va usted muy lejos?...

4) REENCUADRE DEL CONTEXTO Y SIGNIFICADO (técnica fundamental)

Nace de la técnica **"reflejar y liderar con PNL"**, respetas la opinión del otro, la reflejas y luego expones la tuya, ya que con esta técnica abres la posibilidad a otras opiniones, no es necesario salvar objeciones, sino transformar la energía y la sinergia que se produce en el proceso de ventas o de interacción con otras personas.

REENCUADRE DEL CONTEXTO Y SIGNIFICADO - EJEMPLOS

EJEMPLO 1

Imagínate que alguien te dice *"esta corbata que llevas es horrible"*..., tu contestas, *"efectivamente, hay a personas a las que esta corbata puede que no le guste"*.

EJEMPLO 2

"Es que los seguros son un fraude", fíjese que muchas personas tienen ese pensamiento.

EJEMPLO 3

"Es que ustedes han cambiado mi tarifa de consumo y no me han avisado." "Puede no ser la única persona que nos reclama este asunto… " "¿Y entonces qué van a hacer?"

"Quédese tranquila, de ninguna manera se le va a obligar a que siga con nosotros ni a modificaciones fuera de su voluntad"… con esta técnica se consigue bajar la conflictividad y el estrés muy significativamente.

Se trata de transformar un marco negativo en un marco positivo.

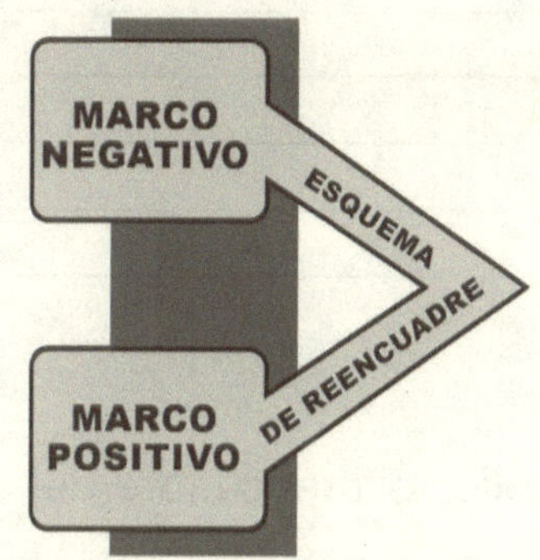

EJEMPLO 4

"Con esta crisis es imposible gastar", efectivamente la crisis parece que golpea el mercado, por eso ahora es tan importante invertir en nuevos procesos.

EJEMPLO 5

No debemos caer en la broma ni en la ridiculez, se trata de transformar juicios negativos por enfoques proactivos. Por ejemplo, *"mira qué chica tan alta y flaca, efectivamente podría limpiar una manguera por dentro"* (**NO**), *"efectivamente podría ser un buena jugadora de basket"* (**SÍ**), se hace el cambio de una manera sutil.

Esta técnica es fundamentalmente efectiva en los cierres:

Metodología extraída del practitioner de PNL **Javier Freire.**

EJERCICIO PRÁCTICO; REENCUADRE DEL SIGNIFI-CADO Y DEL CONTEXTO

1) Defiende e identifica situaciones donde haya habi-do una pugna de voluntades.

____

____

____

____

____

____

____

____

2) Aplica el reencuadre del contexto y del significado.

____

____

____

____

____

____

____

____

3) Sitúate en futuras ocasiones aplicando esta técnica.

EJERCICIO; EL SET SI, LA TÉCNICA DEL SÍ O SÍ, EL NO INVERSO Y LA ORDEN IMBRICADA

¿No te sientes superpoderosa después de esta información y que puedes con todo?

Te recomiendo el libro de *Pre-suasión*, de Robert Cialdini, y que apliques uno de los *neurotips* que acabas de aprender. Elige uno y aplícalo cada semana, y así sucesivamente.

El producto mágico para líderes comerciales femeninas

Como lo prometido es deuda y te prometí que hablaría de esto, del producto mágico. Eso sí, lo dejé para casi el final, es para crear un pelín de suspense, je, je…

La forma de crear un producto mágico es lo más sencillo y quizás el paso inicial para crear un Océano azul. Una empieza así y acaba creando Océanos azules. Te lo digo por experiencia. Como en cada punto de este libro te pondré dos ejemplos sencillos para que lo asimiles rápidamente.

Una de mis primeras experiencias como *coach* comercial de empresas fue con una empresa de vinos. Además, lo recuerdo con cariño porque fue algo que compartí con mi padre, quien justo en este momento está luchando por salir de un desafío de salud, y escribiendo estas palabras me estoy emocionando profundamente. Esto es la vida, sentirla con su dulzor y amargura, ya que es una y efímera.

Vamos con un ejemplo. Se nos encarga expandir el mercado y facturar más de un millón de euros en vinos de crianza en la zona norte. La verdad es que ni nos lo pensamos, dijimos: "Vamos a por ello, a ver cómo cumplimos con este superdesafío". ¿Qué ocurrió? Que el mercado de vinos de crianza era un auténtico océano rojo, no había forma de entrar. Había marcas muy consolidadas y por más que hacíamos visitas era imposible vender una caja de vino.

Como te imaginarás, tuvimos que desarrollar el ingenio, y un día paseando por la bodega el enólogo nos empezó a hablar de unas cepas viejas que había plantado un tatarabuelo suyo, que daban unas uvas más grandes y que se hacía con ellas un vino joven espectacular. *Wouuuu*, esto nos hizo volar la imaginación y nos inventamos un nuevo producto, era un vino de autor joven. No existía nada igual por aquel entonces, además decidimos comercializarlo en cajas de seis, algo inusual también, le llamamos El Nostalgia y diseñamos la botella con un pergamino antiguo y un lazo.

¿Que hicimos después? Organizamos rutas de veinte visitas diarias, nos llevamos las cajas debajo del brazo, creamos unos argumentos comerciales diferenciadores, como: "Date un capricho o celebra con tu pareja con el vino de autor El Nostalgia", y finalmente lo comercializamos a 3 euros, un precio superasequible para el cliente.

Mas del 80% de los hosteleros nos compraron el vino. ¿Qué ocurrió luego? Pues que el vino al ser tan disruptivo y con tanta calidad, aunque luego no rotase tanto, nos permitió ofrecer el crianza, que sí era un vino de rotación, alcanzando el objetivo que nos había propuesto la empresa.

Si te encuentras un muro, rodéalo con un producto mágico.

EL LIDERAZGO FEMENINO

Te felicito por llegar hasta aquí. Eres una campeona y sé que no serás la misma si has llegado hasta aquí.

Estoy comprometido con el liderazgo femenino y estoy convencido de que la mujer ya está cambiando y cambiará el mundo. Para ello también son necesarios facilitadores/as del liderazgo femenino y compartir conocimientos para ello con este libro.

Las últimas estadísticas nos dicen que el 80% del dinero y del emprendimiento está en manos de hombres.

La mujer es un ser maravilloso, lleno de creatividad, de sensibilidad, de poder ilimitado, que está muy condicionado por la sociedad y que ya es hora de expandir y desatar ilimitadamente.

Necesitamos más billonarias, más empresarias, más líderes femeninas de sus vidas y sus negocios, inspiradoras, que suelten sus límites y alcancen la grandeza.

Debo decir que es un libro de liderazgo, no de feminismo. De hecho, yo no soy muy fan del feminismo de la lucha, de la queja, de hablar de injusticias, de pedir en vez de darse a sí misma. Mi misión es facilitar este liderazgo femenino, ya que mi experiencia refrenda una y otra vez que tengo talento para ello. Ya no hay vuelta atrás, este es mi Océano azul creando el tuyo.

¿Eres y te sientes una líder femenina? ¿Quieres serlo?

Vamos a por todas, la era de la expansión de la energía femenina, sin techo, sin límites.

otra vez que tengo talento para ello. Ya no hay vuelta atrás, este es mi Océano azul creando el tuyo.

Vamos a por todas, la era de la expansión de la energía femenina, sin techo, sin límites.

CONCLUSIÓN LIBRO

La sociedad cambia cuando cambia la economía. Desde Adam Smith hemos asumido que en los mercados hay competencia, que nos gobierna la ley de la oferta y la demanda, que los recursos son escasos y que el mercado es una tarta pequeña, donde tenemos que darnos codazos los unos a los otros para comer. Esto se debe cambiar ya. Es importante ser sensibles a la voz interior de las personas, a sus dones únicos. Las personas ya no trabajamos, tenemos misiones. Estas son las nuevas leyes que van a hacernos cambiar para relacionarnos en los negocios desde el corazón. Tod@s somos en potencia un@s grandes líderes comerciales con valores, con posibilidades infinitas de crear Océanos azules. Este fenómeno está aflorando y lo va a seguir haciendo. Aunque suene a ciencia ficción, no nos queda otra y además es inevitable.

Por último, hago un guiño a las maravillosas mujeres que me inspiran, una de ellas eres tú, Mónica Fusté, una verdadera fuerza de la naturaleza, que me has alentado a llegar hasta aquí. Una líder femenina, pionera, que me hace sentir que podemos ser más y trabajando en equipo, juntos y con el equipo de Lanza y Escala tu Negocio. Si llevamos el liderazgo femenino de forma masiva a los negocios seremos capaces de pasar al siguiente nivel de evolución en la humanidad, soltaremos las ataduras del pasado y romperemos con las leyes sociales económicas establecidas que nos anclan de una vez por todas.

El libro de *Líderes femeninas empresarias que crean océanos azules* es una aventura trepidante donde Javier Freire nos da las claves y el paso a paso para ser las líderes de nuestras vidas y negocios.

SOBRE EL AUTOR

Soy Javier Freire, autor, coach, mentor y formador de alto impacto, facilitador del liderazgo femenino.

Mi primer aliento de oxígeno lo di en Oviedo, siendo muy pequeño por el trabajo de mi padre tuve que trasladarme a Galicia. A mi madre le comentaron que podía ser un niño con altas capacidades y la maestra para intentar que me concentrase, me ponía en su pupitre, quizás ya mi mente soñadora buscaba su hueco más allá de la disciplina académica. Le agradezco mucho a esta profesora su cariño y cómo cuidó de mí. Fue una gran líder y pionera.

Mi primer cambio profundo lo viví con nueve años cuando otra vez por el trabajo de mi padre, tuve que marcharme de Galicia dejando atrás a mis amigos, a mi entorno, y así tuve que empezar desde cero nuevamente en Asturias. Fueron momentos duros para mí.

Este proceso lo repetí tres veces más, hasta que mis padres me hacen la promesa de no volver a cambiar más de ciudad. Tenía trece años, ¡menos mal!

AQUÍ EMPIEZO A SER CONSCIENTE DE MI RELACIÓN CON LAS MUJERES, Y EL POR QUÉ DE MI

VOCACIÓN:

Mi padre, por su trabajo, tenía que viajar mucho y me crié con mis dos abuelas, mi madre y una prima carnal de mi madre, que era como mi segunda madre. No me faltaba de nada y recibí mucho cariño de ellas, me llevaban en palmitas, sin embargo, voy tomando conciencia de que vivía con cuatro mujeres que me lo daban absolutamente todo. Esto me hizo sentirme muy querido y atendido, pero a medida que fui creciendo, dejé de mirarme tanto a mí, y empecé a mirarlas a ellas...

Comencé a hacerme preguntas importantes que marcarían el inicio de quién soy ahora y lo que hago. Ellas no tenían sueños, deseos, anhelos personales y profesionales más allá de la vida familiar, y si los tenían, que sí los tenían, habían renunciado a ellos por completo.

 ¿Por qué ocurría esto?¿Por qué los hombres de la familia también lo permitíamos?¿Era, y es esto justo?

En ese momento empezó a nacer en mí la gran semilla de mi gran proyecto de vida y mi misión, que es ser facilitador e impulsor del liderazgo, el empoderamiento y el talento femeninos. Te abro mi corazón, siempre he anhelado con cierta tristeza, que mi madre no fuese a por sus sueños. Aunque esto está cambiando, y me siento muy feliz de los avances que estamos consiguiendo en equipo.

«Nunca es tarde para manifestar tu grandeza femenina»

EMPIEZO A TENER RESULTADOS, A CUMPLIR OBJETIVOS:

Tengo el privilegio de terminar una carrera, una diplomatura, dos Masters y un MBA, el valor del aprendizaje y la aplicación del mismo ha cambiado mi vida, descubrí la pasión de incorporar nuevos conocimientos, nuevos insights, esto me permitió emprender con éxito, sanar mis relaciones de pareja y alcanzar cuotas de felicidad que antes creía imposibles…

Mi carrera profesional empieza en el mundo de las ventas, imagínate el disgusto para mi entorno, ya que un hijo con estudios acabe de vendedor!. Eso no le gusto mucho a mis padres. La verdad es que para sorpresa de todos, me va muy bien, conseguí ser el mejor vendedor a nivel nacional de una multinacional, liderar un equipo de mas de 400 personas, emprender con 26 años, ser coach y asesor de empresas como ITP e IDOM y ayudar a Pymes y autónomos a hacer crecer sus negocios, consolidar equipos y alcanzar abundancia económica.

Para mi sorpresa la mayoría de mis clientes eran hombres que disponían de un alto estatus económico y esto comencé a verlo como una descompensación y me preguntaba…

¿Porque no hay mas mujeres empresarias y con tanto poder adquisitivo?

Personalmente , he tenido que reinventarme y superar retos continuos y lo sigo haciendo, (no existe marinero experto que no haya lidiado con tormentas). Esto me ha permitido conseguir el mayor logro de mi vida que es vivir sin miedo, transmitir calma y energía a las personas y sobre todo a mis clientas. Confío plenamente en la vida. Esto lo cambia todo.

SANGRE SUDOR Y LÁGRIMAS:

Mi mayor sufrimiento, empezó con las relaciones de pareja, donde desde muy joven he tenido relaciones de pareja estables, pero muy tóxicas con muchos celos codependencias, discusiones, dolor emocional... Me di cuenta que los hombres y mujeres nos somos libres y estamos llenos de miedos e inseguridades y baja autoestima, hay mucha carga cultural en esto que deshacer. Gracias a la PNL y la Gestal y mi tesón y empeño puede superar todo esto, y por fin alcanzar el amor verdadero que sanó todo mi pasado. Así que si sufres por amor puedo ayudarte mucho en esto. Qué mejor lugar para expandir el liderazgo femenino que en pareja. ¿No crees?

El gran desafío de mi vida, sin duda, fue enfrentarme a una crisis económica familiar severa , que me hizo desarrollar el ingenio, incorporar hábitos financieros saludables, crear activos empresariales y generar comisiones para superar esta situación. Los valores familiares han marcado profundamente mi vida y el amor incondicional a mis padres.

MI SUEÑO, NUESTRO POTENCIAL EN EQUIPO:

Ahora sé que sí se puede, que podemos reinventarnos emocionalmente, vivir sin miedos y alcanzar el estilo de vida que deseemos, a pesar de la dureza de cualquier circunstancia. Doy fe de ello.

En mi camino sigo teniendo un gran sueño y sé que lo vamos a conseguir juntos. ¿Me acompañas?. Quiero poner todo esta experiencia y conocimiento en tus manos, siento que el mundo le debe mucho a la mujer, necesitamos sacar la líder, la emprendedora, la empresaria, la mujer poderosa que llevas dentro y alcanzar los resultados y el rendimiento que deseas, en todas las áreas de tu vida.

El liderazgo femenino, es y será la palanca de cambio más importante del ser humano.

¿Aceptas el reto? ¿Cambiamos el mundo juntos?
¡Sí se puede!

EXPANSIÓN DEL LIDERAZGO FEMENINO

¿Aceptas el reto? ¿Cambiamos el mundo juntos?
¡Sí se puede!

EXPANSIÓN DEL LIDERAZGO
FEMENINO

Ponte en contacto con el autor o descárgate los recursos gratuitos en la web de desarrollo personal y profesional femenino.

javier@javierfreire.com

www.javierfreire.com

www.ingramcontent.com/pod-product-compliance
Lightning Source LLC
LaVergne TN
LVHW091516170726
843492LV00001B/484